T0368660

2010 二〇一〇

JOHN HUANG 醬黃

2010

by: John Huang

Subjects:

1. Communication
2.. Imagination

Practical

Chinese Language

Introduce CE Pinyin and CE Symbols 2-7-2005

介紹 漢英拼音 及漢英符號 2005年2月7日

實用 漢語

sh2yong4 han4yu3

by: John Huang

則知事物

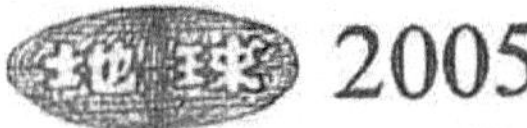

PEOPLE

2005

by: John Huang

EARTH 2005

地球 2005

by: John Huang

是故
謀閉而不興
盜竊亂賊而不作 故
外戶而不閉 是謂大同

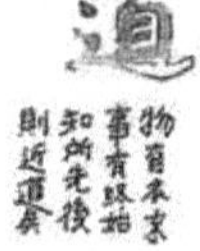

Order this book online at www.trafford.com
or email orders@trafford.com

Most Trafford titles are also available at major online book retailers.

Printed in the United States of America.

ISBN: 978-1-4269-4104-7

Library of Congress Control Number: 2010914376

Our mission is to efficiently provide the world's finest, most comprehensive book publishing service, enabling every author to experience success. To find out how to publish your book, your way, and have it available worldwide, visit us online at www.trafford.com

Trafford rev. 8/2/2010

www.trafford.com

North America & international
toll-free: 1 888 232 4444 (USA & Canada)
phone: 250 383 6864 • fax: 812 355 4082

2010

Catalog

1. Communication

This is a booklet about what people can do to set their ideas about < TIME > back to the solid status before June 30, 1905. All the major topics are presented in the first 5 chapters. The remainders are about communication.

1-1. Time

What is time?

1-1-1. It was everything you knew about it.

When a physicist tried to answer this question before June 30, 1905, most likely every part of the definition she or he could find did not conflict to each other. That means the common sense of time was very solid before 20th century.

1-1-2. It is something you don't know now.

However when a physicist tries to do the same thing today, it depends on which Physical Political Party (PPP) she or he joins. That makes the definition of time very hard to understand by students. Students may learn conflict knowledge from different teachers.

1-2. Relativists

There are two major Physical Political Parties (PPPs).

1-2-1. The Growing Party

Physicists in the growing party can be named relativists. Most minor PPPs are on this growing side with different equations of time or different explanations to the same equation. To a relativist, time started after some matter or energy existed and time will end when all matters and energies vanished.

1-2-2. The Struggling Party

They can be named old-timers. Old-timers believe time started from unlimited long time ago, before anything first existed in the universe, and there is no ending of time.

1-3. Let Old-timers Talk

Since the purpose of a political party is to win the election, different parties fight each other. It is the same among PPPs. That is why the struggling second largest PPP, old-timers, are losing their chances to talk. Most magazines and prizes are serving relativists now. Today, I will let old-timers talk and I will do my best to protect relativists.

1-3-1. Does space-time make sense?

Some old-timers do not like space-time but I will say, yes. It is a good tool for analysis and it does not mean time has the same property as one dimension of space. Especially when we assume that nothing go into or out of (0,y,z) plane so that everything on (0,y,z) plane will move within the same plane for 10 minutes. In that situation, we will appreciate the idea of space-time. You see, the time axis can take the place of x axis so that the way things move on the (t,y,z) plane will be recorded in the section from (0,y,z) to (600,y,z) very clearly.

1-3-2. Which equation is accurate?

The equation that old-timers believe in is the t'=t ---(1) in Galilean Transformation (GT) and there are two equations on relativists' table.

1-3-2-1. Three equations

One is the t'=t/f(v) ---(2) in Special Relativity Theory (SRT) and the other one is the complicated t'=f(v)(t-(vx/(c^2))) ---(3) in Lorentz Transformation (LT). The f(v) is Lorentz Factor, c is the speed of light in vacuum, and v is a constant velocity.

1-3-2-2. Same environments

According to Einstein, (2) is true if v is a constant speed, so that in a situation that v is a constant velocity (2) is also true. I let v be a constant velocity so that (1), (2), and (3) can be discussed within same condition.

1-3-2-3. Only one can be true

Logically speaking, no more than one of (1), (2), and (3) can be true. I asked some relativists about why do they need both (2) and (3) be accurate? They did not know. I suggested that they might keep one and modify another one.

1-3-3. Is t'=t ---(1) in GT correct?

Before relativists select one of (2) and (3) to modify we know that (1) is the only option for now. We still need to understand (1) before we decide if (1) is accurate. What does t'=t means? I think it means, the time that an event started should have only one value if all observers of that event, recorded and adjusted that event time correctly. Does it make sense to you? Relativists claim that they have experiments can prove (1) is wrong.

1-3-4. The 4th equation

If relativists are right about (1) then all of (1), (2), and (3) are wrong. There are a few possible time equations can be selected by people. Here is the one I select for relativists to compare with the one in (2) or (3) under modification, t'=t-((d-d')/c) ---(4). The equation (4) required a practical arrangement and a convenient explanation.

1-3-4-1. Arrangements

The arrangement is to let one observer R stay at the origin point O of the stationary system S and another observer R' at the origin point O' of the moving system S'. When O'=O, Rand R' let t=t'=0.

1-3-4-2. Explanations

We need an event eA to happen at a point A(x,y,z) and at actual time tA. That means when R records the event time t, t=tA+(d/c) ---(5), d is the distance between O and A; when R' records the same event, the event time t' will be t'=tA+(d'/c) ---(6), d' is the distance between O' and A.

1-3-4-3. The Equation

Now from (5), we have tA=t-(d/c), substitute tA into (6), the result is (4). When y=z=0, the (4) will be simplified into (7), t'=(c/(c+(tv/|t|)))t ---(7). When t>0, we have t'=(c/(c+v))t ---(8). Compare (8) and (2) we find out when v is about 0.85c, (8) and (2) will produce same result so that relativists may consider (4), (7), or (8) as a reference when they modify (2) or (3).

1-4. Camcorder Time

Both equation (5) and (6) simply reflect the fact of camcorder recording.

1-4-1. Remote Recording Theories (RRT)

When a measurement is done remotely there are always some kinds of delay in recorded event time. To get the actual event time, a remote observer should do some adjustments according to distance I call it the Remote Recording Theory (RRT). In (5), the picture of event started at point A must be carried by that group of photons to the point O under the speed around c; in a case that I heard a sound of bell from a temple 1 km away, the actual time should be adjusted to (1000/343) seconds earlier than recorded time.

1-4-2. Inertial Systems

However the concept in (8) is different form the concept in (1), (2), and (3). The equation (8) is based on RRT and let observer R' move at constant velocity v to observe in S, and (8) is the equation of < recorded event time >. But in GT, SRT, and LT, R' and R belong to different systems S' and S so that the equations (1), (2), and (3) are for the < actual event time >.

1-4-3. A Possible Solution for Relativists

In GT, (1) is for actual event time and (8) is for recorded event time. Could it be a possible solution for relativists that (2) is for actual event time and (3) is for recorded event time? However, at same x, the equation for time period in LT is t'=f(v)t. The time period in reversed LT is the one relativists wanted for this answer, t'=t/f(v); but, S is moving. After relativists provide their idea to handle that problem people may vote to decide if (2) and (3) can be the true equation for time again.

1-4-4. A Solid Time

For now, (1) and (8) is the only option so that people can have a solid time.

1-5. Communication

To have a valid communication, two groups of people should base on fact, follow logics, and stipulate fun. I don't have talent to create fun so that I will just talk about some fact I know after this section, or, short chapter.

1-6. Democracy

I think the idea of democracy in year 2010 ignores the fact of human limit.

1-6-1. Votes

I could not figure out which candidate is the better one. The main reason is that in a war, all fighters must respond or attack, which is better than defense. When they attack, they don't have to (or they must not) be honest. We all know that election campaign is a real war so that all candidates can cheat and I have no way to tell their problem-solving abilities or their corruptible tendencies.

1-6-2. Political Parties

The main purpose to group a political party is to be elected.

1-6-2-1. In China

All activities of a political party are behind the scenes in China since Chinese people had formally recorded their history. And, it is still true.

1-6-2-2. Two Larger Parties

In most countries of multiple parties, there is a trend that the biggest two parties are the rich party and the smart party. Leaders in the rich party have their second or third goals setup to protect their wealth and leaders in the smart party have their second or third goals setup to create more wealth.

1-6-2-3. Wealth

We all know that collecting wealth is not the most worthwhile of works in our lives. It is just happened to be a most common goal. However, our biggest parties had their first goal setup as < to be elected > and then, the related history told us, the rest was all about money.

1-6-3. Does not make sense

The way political parties manipulating the law to help them keeping wealth or creating wealth is focusing on collecting wealth. I believe the law should encourage justice, love, and even arts so that current government structure with political parties chasing wealth does not make sense to me.

1-6-4. New Governments

To vote without correct information and allow representatives to modify law for different ways of manipulating money is logically wrong. I believe people should consider different kind of government without representative.

1-7. Language

As a matter of fact, people need a common language for the world.

1-8. Hobby

What is the most worthwhile of things to do? Here are 12 common hobbies I know, for individuals.

1-8-1. Extend Justice

Since there are conflicts among different levels of justice, some times it is hard to tell which side represents the justice.

1-8-2. Develop Science

Most technologies are developed from researches of science. However we only need a few geniuses to develop science.

1-8-3. Enjoy Gardening

People enjoy gardening enjoy their lives, naturally.

1-8-4. Create Arts

It is hard to communicate via fine arts and easy to enjoy same kind of popular music or song; however, all arts required talents.

1-8-5.Devote to Religions

Normally people can pick more than one religions in their whole lives. They try to build the Heaven of their Gods on the Earth.

1-8-6. Pursue Fame

Normally it goes through competition.

1-8-7. Desire Luxuries

This is more or less everybody's desire.

1-8-8. Chase Political Positions

It takes a lot of cruelty to advance in positions above wisdom limit.

1-8-9. Being Addicted to Sex

This hobby will bring trouble to friends and relatives.

1-8-10. Engage Wars

Someone just likes to win.

1-8-11. Collect Antiques

People collect antiques are history keepers.

1-8-12. Day Dreaming

Day dreamers always have fun.

1-9. Hopes

A group of people or people of same kind in some way normally has a common purpose. Then there is a common hope related to that purpose. From the fact I know, here are 10 common groups or kinds of people, their purposes, and their hopes.

1-9-1. Mothers

Their purpose is to protect and feed their children. Their hope is to live in a safe environment, a peaceful world.

1-9-2. Fathers

Their purpose is to protect and feed their family members. Their hope is to have a healthy body to work.

1-9-3. Warriors

Their purpose is to protect their countries and to rob resources for their countries. Their hope is to win.

1-9-4. Government Employees

Their purpose is to maintain public facilities and functions. Their hope is no natural disaster.

1-9-5. Private Employees

Their purpose is to earn salaries or wages. Their hope is their companies will keep on growing.

1-9-6. Non-profit Workers

Their purpose is to promote public justice and ensure public safety. Their hope is no artificial disaster.

1-9-7. Volunteers

Their purpose is to rescue people from disasters or difficulties. Their hope is no natural or artificial disaster at all.

1-9-8. Religious Workers

Their purpose is to promote their religions. Their hope is their religions win.

1-9-9. Art performers

Their purpose is to perform group arts or solo arts. Their hope is the economics is good so that people have more free money.

1-9-10. Art displayers

Their purpose is to display group arts or solo arts. Their hope is that people in the related society have more free time.

1-10. Knowledge

Knowledge is the portion of the events in history and objects (materials and energies) in the universe that people recorded or recognized. The major part of knowledge is science, the most important one is philosophy, and the most essential one is language. To win, the most critical one is the related local law. But, the most attractive one is arts. I think the most troublesome one is depending on personal preference.

1-10-1. Unknown

The following diagram of knowledge on the next page shows that the unknown portion of < events in history and objects in the universe > is way more than human knowledge. Science is the window for people to deal with unknown.

1-10-2. Hypotheses

The most famous hypothesis is the Darwin's theories of evolution by natural selection published in 1859. Since people do not know how nature changes, that hypothesis is self approved if we consider the evolution means changed, not advanced. The next famous hypothesis will be SRT.

0 1 2

1-10-3. Knowledge Diagram

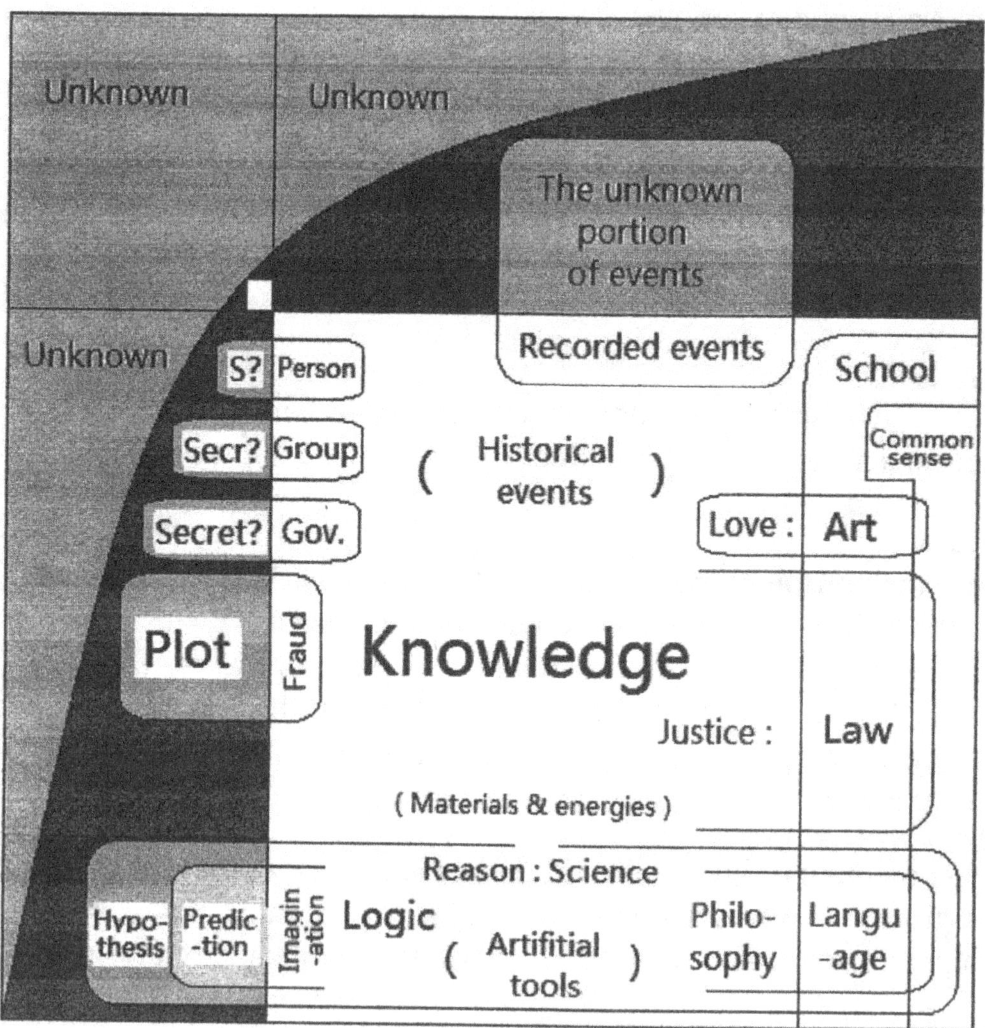

1-11. The Earth Village

As a matter of fact, Earth Village is the common dream of most people. To build an Earth village, people should do their best to learn all common sense and some special knowledge when they are young.

1-11-1. Independent

When people grow up, they should apply logic whenever a big decision is pending.

1-11-2. Public Justice

People should extend public justice based on personal ability. In case of an event is beyond personal power limit, that person may join other people to deal with that event.

1-12.Communication between Governments

This is the last chapter about the fact I know and the title of this chapter is the next step to build up the Earth Village.

1-12-1. Knowing each other

With help of internet and efforts of Google, Facebook, YouTube, Plurk,… etc., people know each other in more details.

1-12-2. Wise Leaders

However, people need wise leaders for their governments so that whenever there is a global justice issue, all related governments can have valid communication to extend public justice to the Earth Village.

1-12-3. Thanks

I have finished the main subject of this booklet. Thanks for your time.

2. Appendix of Some Fact I Know

In this section, I have collected some articles, short or long, about some fact I know. Since knowing as much related fact as possible is essential to have a valid communication, this section is a step stone to build up two bridges; the first one is between physicists and people to put SRT back to its position as a hypothesis and the second one is between eastern and western people to build up more common areas among different cultures.

2-A1-1. The last chapter of SRT

I tried to disprove SRT in this article.

2-A1-2. 5 Levels of Energy

This is a draft of the universe I know.

2-A1-3. About SRT

This is a suggestion I sent to Wikipedia when I started studying SRT. I used T' for the time recorded at stationary system and T for the actual time, the proper time, the local time or simply the time recorded at the moving system.

2-A1-3-1. Different names

Why do we have so many different names for the time recorded at the moving system? It is because Einstein let the event happen at the origin point of the moving system and move with the system so that the event time recorded at the moving system is the actual time and local time of that event.

2-A1-3-2. Matching the symbols

To match the symbols in this article, T' should be t and T should be t' so that we have two equations; $t'=t/f(v)$ in SRT and $t'=(c/(c+v))t$ under the time formula based on FACT (or the measurement theory for remote event time), when the origin point of the moving system O' is moving away from the origin point of the stationary system at constant velocity v. I pointed out that when $1/f(v) = c/(c+v)$ then v is about 0.85c so that SRT matches the FACT in that situation.

2-A1-4. If Galileo Resurrected

In this article I had a wild idea about Galilean Transformation (GT). To record an event time is actually depending on the method we used to measure the time. There is only one actual event time but to a recorder at the stationary system and another recorder at the moving system the recorded event time can be different from the actual event time.

2-A2-4-1. If the speed c is unlimited fast

If the speed of light is unlimited fast, then, the picture of the event will be sent to everywhere instantly and $t'=t$ in GT is accurate.

2-A2-4-2. Calculate Actual Time

However, since c is not so large, $t'=t$ is good only for the adjusted time which is based on the formula that < (actual time) = (recorded time)- (distance / c) > and the distance may be different for two recorders.

2-A2-1. Einstein Made a Mistake in His Paper Published 6-30-1905

This Chinese article I published on a local Chinese paper is about the mistake that Einstein made in his paper dated 6-30-1905.

2-A2-1-1. Missed Condition

In section 1 of it, the definition of synchronization missed an important condition that the distance between the emitting point and the reflecting point must be equal to the distance between the reflecting point and the ending point.

2-A2-1-2. Inequality

Because of missing that condition, in section 3 of that same paper, his equation $(t0+t2)/2 = t1$ is wrong. That equation should be an inequality relation $(t0+t2)/2 < t1$ and that inequality relation would not allow Einstein to prove Lorentz Transformation at the end of that section 3.

015

2-A2-2. About Twin Paradox

This is a short comment I published on a Taiwanese website regarding Twin Paradox.

2-A2-3. The Minimum Moral Standard – Level 7

I believe that people born with different characters so that it is not easy to evaluate a person for being good or bad to the society.

2-A2-3-1. Minimum Standard

I think it is important to understand as many opinions of judgment points and related minimum standards in local areas, as many as possible so that the law system for each area can be matched to the related standard.

2-A2-3-2. Larger Areas

Then, we can collect each common idea from related local areas for larger areas up to global standard.

2-A2-3-3. 13 Levels

In this article I drafted 13 levels of moral and evil scales based on FACT and LOVE and assumed that the level 7 is the minimum moral standard.

2-A2-4. A New Character System for Taiwanese

This is an article prepared for people live in Taiwan. People there speak native languages, Taiwanese, Hakka, Japanese, Chinese, and English everyday at almost everywhere. That is what actually happened so that I designed two sets of characters for them to write all the different languages.

2-A2-5. Constitution of Taiwan

If Taiwan can be recognized in United Nations, this is my suggestion of Constitution for people in Taiwan.

2-A2-6. About Three Groups of Culture

This is my idea about three groups of culture in the world.

2-A2-7. Major Civilizations in the World History

The best of oriental civilization is about how to keep your body healthy and the best of western civilization is about how to make your lives interesting. In this short article I summarized my idea of combining them.

2-A2-8. My Plurk

My name in Plurk is jh17710.

2-A3-1. Problems in Taiwan

This is a longer article about my idea of many options for a person to select today to build up oneself in tomorrow. The second half of it, about problems in Taiwan, is just my wild guess, no statistics to support it.

2-A3-2. About 10 ways to build up Chinese Characters

This is my idea about how Chinese Characters is expanded in the past.

2-A3-3. Philosophies of the Historical China

Again, I have not read enough books to claim accuracy, but, this is what I thought when I wrote it.

2-A3-4. PinYen Lai – One way to line up Chinese Characters

This is more like introducing one way to line up Chinese characters in a soft manner. It is boring to line up Chinese characters and it is tough. I believe that Chinese characters will last as long as human history. Nevertheless, I don't think it should be used as an international language. An international language should use phonetic symbols for its characters. That is why I introduced two sets of phonetic symbols for people in the world. Please refer to the chapter 7 of the Chinese version of this booklet, if you like to know more about it.

The following page, page 17, is the first article of Appendix.

The last chapter of SRT by: John Huang 12-11-2009

In physics textbooks published 2010, if there is a Special Relativity Theory (SRT, here after) then most likely there will be a Twin Paradox.

0-1. A Twin Paradox is like a fairy tale in China that stated "The seven days in the fairy cave is actually one thousand years in the real world." Spirits in the Chinese fairy cave slowed down the cave time. Their power is different from the way SRT slowed down the time for the traveling twin in a Twin Paradox.

0-2. The magic power of SRT is given by Einstein that "If the speed of the spaceship is a little bit over 0.866c, where c is the speed of light, then Einstein could make one day in the spaceship equal to 48 hours on earth." Do you believe Einstein has that kind of power?

0-3. Whether you believe it or not, the legend of SRT is worth of your 10 minutes to read through this article. On 6-30-1905, Einstein introduced SRT to the world and I hope this article is the last chapter of it.

1. Lorentz Transformation

Lorentz Transformation (LT, here after) was based on the design of Galilean Transformation (GT, here after) to provide a different set of equations on top of the same design.

1-1. The design of GT included two coordinate systems S and S'. They were moving toward each other, meeting, then parting all under a constant velocity v with x axis and x' axis on the same line, y and z axis paralleled to y' and z' axis respectively, then all the positive directions of x, y, and z axis were pointed to the same positive directions of x', y', and z' axis respectively. When the origin point O' of system S' met the origin point O of system S, the recorder O' at point O' and the recorder O at point O set their clocks to 0 so that when O'=O their time were t'=t=0. Their time were negative before O' met O and positive after that. Just for convenient, S' was normally regarded as the moving system and S the stationary.

1-2. Under this design, if both recorders recorded the event time and location of one event as t, (x,y,z) and t', (x',y',z') then GT stated x'=x-vt, y'=y, z'=z, and t'=t.

1-3. But LT stated x'=gamma(x-vt), y'=y, z'=z, t'=gamma(t-(vx/c^2)) where gamma=(1-(v/c)^2)^(-1/2).

2. The independent SRT

In the section 3 of his paper published 6-30-1905 Einstein claimed that he proved LT.

2-1. Actually his proof, available to general public, is not correct. However, it is not easy for a reviewer of his paper to find out the equation (t0+t2)/2 = t1 in that section of his paper is actually an inequality (t0+t2)/2 < t1.

2-2. As a matter of fact, even all reviewers recognized that particular mistake or even if in the future someone proves that LT is wrong, SRT will not be disproved by that reason. Why? Because in the following section of that paper Einstein already claimed two more hypotheses to indicate that "LT was wrong."

2-3. In that section 4, Einstein focused on an ongoing event happened at O' so that x'=0 and x=vt, then he derived the time formula t'=t/gamma for SRT.

2-4. Then in the same section he claimed that <A> "Equation t'=t/gamma is also true even if O' changed direction, so long as the speed of O' remained v in the system S."

2-5. At the end of the same section, Einstein claimed that <B> "The clock at Equator will run slower than the same kind of clock at North Pole at the rate of 1/gamma." This additional claim <B> indirectly supported the Twin Paradox. However, if SRT is wrong, then, Twin Paradox is gone.

3. SRT is against to LT

Now let us study what Einstein included in the claim <A>.

3-1. We may separate his claim <A> into two parts that {t'=t/gamma is true when (A) "The v is a constant velocity."} and {t'=t/gamma is also true when (B) "The v is not a constant velocity but a constant speed."}

3-2. It is clear that LT claimed, under condition (A), the equation of time should be t'=gamma(t-(vx/c^2)), not t'=t/gamma. Since under same condition (A) SRT stated the equation of time is t'=t/gamma, SRT is against to LT.

3-3. Actually, SRT is against to the fact. We don't know if LT is correct but I can prove that SRT is wrong in the next section, very clearly.

3-4. Although no one has proved LT yet, almost everyone knows that GT is wrong. Why? When O' and O are far apart and an event is very close to O, then, no matter what kind of camcorder the recorder O' uses to record the event time, t' is always later than t; because it takes time for the picture of that event **be sent** from O to O' by light. If the speed of light is **unlimited fast** then **t'=t is correct**. Since we all know that the speed of light is around 300,000,000 meters/second, not unlimited, we all know that t'=t is not always correct. That means GT is wrong.

4. SRT is against to fact

The fact in this article is <C> "The speed of light is limited." Both LT and SRT tried to modify GT and hoped that the new equation of time would not conflict to the fact <C>.

4-1. Let us study a small section of time under condition (A) and a small range of the velocity that 0<v<1<c and 0<t'<1. What we are going to do is to arrange two events eF and eH, then ask recorder O and recorder O' to record the event time tF , tH, t'F, and t'H. After that, we will see the result.

4-2. Within 0<t'<1 we randomly pick a time T then let eF be an explosion of a firecracker at point F((v+c)T,0,0) when t'=t=0 and let eH be an explosion of a firecracker at point H((v-c)T,0,0) when t'=t=0. At time t'=T the origin point O' has moved a distance of vT away from O so that the distance is OO' = vT. Following the figure 4-3 after this section, we can calculate the distances O'F = O'H = cT and the event time recorded by recorder O' as t'F = t'H = cT/c = T.

4-3. Figure of the events eF and eH

eH |-> cT <-|-> cT <-| eF

H O vT O' F

4-4. According to LT, t'=gamma(t-(xv/c^2)) so that t=(t'/gamma)+(xv/c^2). Because the value of x is negative at point H and positive at point F so that the calculated event times for the recorder O are different, tF > tH.

4-5. According to SRT, t'=t/gamma. The calculated event times are tF=tH=gammaT.

4-6. Now, LT claimed tF > tH and SRT claimed tF = tH, we should let the fact <C> be the judge of this conflict result for event eF and eH. From the figure 4-3, it is very clear that the distance OF > OH. Since eF and eH are happened at the same time when t'=t=0, we have tF = OF/c > OH/c = tH. So, the fact <C> decided that tF > tH. Since SRT claimed tF = tH so that SRT is wrong when 0<t'<1 and 0<v<1<c.

5. Logic is forever

Can we really say SRT is wrong just because of SRT is wrong in the above eF and eH issue? I mean, could we use only one evidence to disprove SRT?

5-1. Yes. If you can find "a mistake within the claimed domain of a statement" then you have proved that "the statement is wrong". For example, a statement stated <D> "If x>2 then x>3." and you find out {For x=2.1, x>2 but x<3}, then you have proved statement <D> is wrong.

5-2. What will happen to the statement <D>? If it is useful then people will try to modify it, like people are modifying GT right now. I think SRT is not useful but I don't know how people are going to handle SRT. It is too famous in 21 century.

5-3. We know that SRT is not a good choice to replace GT, how about General Relativity (GR, here after)? GR claimed that <E> "SRT is correct." and <F> "If O' is not moving at a constant speed in S then people can use the time equation provided by GR."

5-4. To find out if GR is correct or not is a logic issue. If I say both statement P and Q are correct but you find out the statement P is wrong, then you can tell me that I am wrong. You don't have to worry about if the statement Q is correct or wrong.

5-5. Now, since statement <E> is proved wrong, we can say that GR is wrong even if the statement <F> is correct. People can modify GR if they like to use it.

6. Please help

If you think SRT should be removed from the knowledge of physics in textbooks, please review the section 1,2,3,and 4 of Einstein's paper published 6-30-1905 to verify this article. Then, do whatever you can help to end SRT. Thanks.

020

寄件人Viraj Fernando <virajplf@yahoo.co.uk>
收件人NPA Members Chat Email <memberschat@worldnpa.org>

日期2010年2月7日上午10:54
主旨Re: [NPA Chat] Can time be "measured"?

John,

In my opinion, you have considered the problem in the most appropriate perspective:

"There are 5 levels of energies related to 3 different kinds of force and 2 kinds of collision: gravity, electric, magnetic, heat transformation (photon collision), and kinetic transformation (mass collision)".

And arrived at the correct formulation of the problem.:

"A clock may have different rate of counting its unit in different environment of energy fields of any kind of 5 energy levels, if any scientist likes to believe in Einstein's SRT then that person should complete the time change due to different energy levels as well, not just the speed, or coupled with gravity field like in GPS calculation".

I feel that this "energy levels" consderation is the appropriate framework upon which we should concentrate our studies, and not the sterilenever ending discussion kinematic time differences centrered around the "twins paradox".

I intend to discuss some of the matters raised by you shortly.

Best regards,

Viraj

From: John Huang <jh17710@gmail.com>

To: NPA Members Chat Email <memberschat@worldnpa.org>
Sent: Sun, 7 February, 2010 10:58:21
Subject: Re: [NPA Chat] Can time be "measured"?

Yuri, Thanks for your clarification. How about photon? Do you think a photon is like a package of energy or a particle like an electron? We could remove everything in a vacuum bottle, but, light still go through it.

There are 5 levels of energies related to 3 different kinds of force and 2 kinds of collision: gravity, electric, magnetic, heat transformation (photon collision), and kinetic transformation (mass collision). I don't know if a mass is a group of basic particles or a group of different kinds of energy. However, the first force is simple, between any two masses, stationary or moving, there is a gravity force acts along the straight line between the mass centers. The later two forces are simple when there is no motion at all, between any two stationary charged masses, same kind of charge or different kinds of charges (positive and negative as we named them) there is a electric force acts along the straight line between the mass centers. The magnetic force is a little bit more complicated, but, still easy to understand when the opposite sides of a mass is polarized and the mass is stationary. Then it becomes more complicated when a charged mass moves or a magnetic mass moves, because almost at the same time of the motion started, the charged mass will create magnetic force and the magnetic mass will create electric force. The magnetic force and electric force are still limited to the existing of a charged mass or a polarized mass, so, your vacuum can relate to mass up to this level of energy.

The next level is not limited by another mass. Any single mass can emit (or release, or just photons leave the boundary of a mass) and absorb (or keep, or just photons enter the boundary of a mass) photons and a photon can go any where, to unlimited far away, or we may say, to any where of the whole space. Does your vacuum allow photon or not?

The last level of engery is the one screwed up by Einstein. Einstein linked time with motion by his imagination and started the mess from his mistake showed by an incomplete definition in the section 1 and how he used that incomplete part of the definition in section 3 of his paper dated 6-30-1905. After that, Einstein let the relation of time and location in Lorentz Transformation disappear so that the time equation became t'=t/gamma simply by his own imagination in the section 4 of that same but became ugly paper. It happened at the tragic time he thought about it before 6-30-1905.

Logically speaking, if time actually change just because of motion like that is claimed by SRT then time could actually change under different levels of energy. In GPS, the calculation of time change did include gravity influence additional to the motion factor, then, could we say that SRT is not correct? It is just like SRT claimed Newton's equations were not accurate the GPS calculation could claim that SRT is not accurate, isn't it? How about the influence of different electric field, magnetic field, and environment temperature? Time could be changed under the energy levels in between gravity force and kinetic force even if we have no evidence yet.

If we go deeper thinking logically and ask us "Can a change to the clock rate actually change the time?" what will be the answer?

A clock may have different rate of counting its unit in different environment of energy fields of any kind of 5 energy levels, if any scientist likes to believe in Einstein's SRT then that person should complete the time change due to different energy levels as well, not just the speed, or coupled with gravity field like in GPS calculation. That action will actually benefits science even the starting point of believing in SRT looks odd.

Regards,
John

022

2010/2/6 Yuri Keilman <altsci1@gmail.com>
John, The field of current density makes difference between vacuum and material continuum. Electromagnetic field with its energy do exist in vacuum. Only current density is zero in vacuum........................Yuri

On Sat, Feb 6, 2010 at 10:02 AM, John Huang <jh17710@gmail.com> wrote:
Yuri,
The field of current density (do you mean electric field?), the gravitational field, and the magnetic field are every where to unlimited far away. Theoretically, if you think the electric field makes a space not vacuum, then there is no vacuum existed in any space at all. We are not live in vacuum then.

If you exclude energy in your definition of vacuum, then it is possible that we live in vacuum.
John

2010/2/6 Yuri Keilman <altsci1@gmail.com>

Bob,
You are making statements without any explanation. We live in vacuum, not in "fluid"! The inside region of elementary particles is not vacuum because the field of current density there not zero (in vacuum it is zero)...................Yuri

On Fri, Feb 5, 2010 at 6:50 PM, Robert Kerr <raakerr@yahoo.com> wrote:

Yuri,
There is no way to define photon freedom to have consistent behavior in a fluid without 5 degrees of freedom. All the mechanical behavior must react the same way to maintain a surrounding pressure field. 2 degrees of freedom are required to define the of action of a contigues fluid field. 2 degrees of freedom defines all aethereal fluid spin behavior.
QED

Bob Kerr

From: Yuri Keilman <altsci1@gmail.com>
To: NPA Members Chat Email <memberschat@worldnpa.org>
Sent: Fri, February 5, 2010 11:11:22 AM

Subject: Re: [NPA Chat] Can time be "measured"?

Bob, still do not understand you. Spherical particle can posses a spherical current which will produce angular momentum. From the other hand - every finite particle has infinite degrees of freedom like a drop of rain in the air (deformations). ....Yuri

A1-2-3

Improving this Article

023

It is difficult to improve on such a knowledgeable and well-written article. In the interests of journalistic fairness and balance, I only add a section on Criticisms of Special Relativity by qualified scientists. I hope other editors will respect my viewpoint as I respect yours. —Preceding unsigned comment added by RAmesbury (talk • contribs) 14:36, 10 December 2007 (UTC)

> Your viewpoint of the STR is irrelevant as is a section on criticism (there is a separate article for that). The fact that you have added the same material to four different articles on relativity reveals your true intention of using Wikipedia as a soapbox. You are transparent. Alfred Centauri (talk) 21:48, 10 December 2007 (UTC)
>
> > Out of curiosity, which is the "separate article for" criticism of relativity? Perhaps we should have a link to it here. That said, I do not think that the "criticism" added by RAmesbury is proper even for such an article. It is just a statement of hostility and suspicion of relativity without any attempt at rational argument. JRSpriggs (talk) 03:32, 11 December 2007 (UTC)
>
> Ooops, apparently I'm becoming senile. It's *not* a separate article but is instead a *section* of a separate article History_of_special_relativity#Criticisms_of_special_relativity —Preceding unsigned comment added by Alfred Centauri (talk • contribs) 03:54, 11 December 2007 (UTC)
>
> > Section to which, by the way, he already tried to add his *message* (http://en.wikipedia.org/w/index.php?title=History_of_special_relativity&diff=159996650&oldid=159335642) on 24-Sep. Check his early history (http://en.wikipedia.org/w/index.php?title=Special:Contributions&dir=prev&target=RAmesbury). This clearly is a **special purpose anti-relativity soapbox sockpuppet account**. His other edits clearly are decoys for his main activity. I think we can expect attempts to restore his message by other sock- and meatpuppets, and, of course, admin counter-intervention requests. DVdm (talk) 12:07, 11 December 2007 (UTC)

Besides the information collected by RAmesbury I think the time formula in STR is not correct. The correct time formulas are [1] and [2]. Please let me know if you can prove that the formula [1] or [2] is wrong. Thanks. Here are the formulas:

The correct time formula should be:

Ta' = Ta + (ao/C) ----- [1]

Ta represents the time of an event started at point a and Ta' stands for the time recorded by the camcorder at point o for the same event started at point a. ao stands for the distance from point a to point o and C represents the speed of light.

The proof for formula [1] is very simple. Since the 'picture of the event-starting' takes time to travel from point a to point o, when the camcorder recorded that 'picture of event-starting' the time should be (ao/C) after the actual starting time. Ta' = Ta + (ao/C).

024

The time formula for a period of time should be:

$Tab' = Tab + ((bo-ao)/C)$ ----- [2]

Tab represents the time period of the event started at point a and ended at point b and Tab' is the time period recorded by a camcorder at point o for the same event. John C. Huang (talk) 06:20, 4 January 2008 (UTC)

> Please read the welcome and warning comments on your talk page. Thanks, DVdm (talk) 09:11, 4 January 2008 (UTC)

Based on FACT, for an event started Ta at point a and ended Tb at point b, the time period $Tab = Tb-Ta$ is recorded as $Tab' = Tab+((bo-ao)/C)$ by a camcorder at point o. When a person walks at a constant speed $0<V<C$ away from the camcorder, $bo-ao = ba$, so that the recorded time period is larger than the actual time period, time formula in this case is $T' = ((C+V)/C)T$. When V is approaching the answer of $(V^3)+2C(V^2)-2(C^3) = 0$ then $T' = ((C+V)/C)T$ will be approaching the time formula in STR. That particular V is about 0.85C. I think the time formula in STR is just a special case of the correct time formula. John C. Huang (talk) 04:54, 12 January 2008 (UTC)

If Galileo resurrected

如果伽利略復活了

If Galileo Galilei resurrected from the long sleep starting 1-8-1642, he would like to update his Galilean Transformation (GT) very eagerly.

如果伽利略由那個始於 1642 年 1 月 8 日的長眠中復活了, 他將急於更新他的伽利略轉換.

1. GT

To most high school students GT is just a name in the history of physics. Some students know that in 1892 Lorentz Transformation (LT) took over GT then Albert Einstein claimed that his paper published on 6-30-1905 proved LT. But students do not understand that paper.

1. 伽利略轉換

對大多數高中學生來說, 伽利略轉換只是物理歷史裡頭的一個名稱. 有些學生知道洛侖茲轉換在 1892 年取代了伽利略轉換而後愛因斯坦聲稱他在 1905 年 6 月 30 日發表的論文証明了洛侖茲轉換. 可是高中學生看不懂那篇論文.

2. 10 minutes

If I could have asked Galileo to update his GT in year 2008 and explain it to high school students I believed that the following messages would be his major concern. It will take only 10 minutes to read through his messages:

2. 10 分鐘

如果我能夠請伽利略在 2008 年向高中學生說明更新版的伽利略轉換, 我相信以下資料是他最關心的. 資料其實不多, 10 分鐘就可以讀完.

3. Honest (1 minute)

Galileo knew the author published the Book of Optics in 1021 believed that light moved from an object into the eye with a finite speed and the speed decreased in denser bodies. But he believed that the speed of light was infinite so that people did not experience misalignment of the Sun, Earth, and Moon during a lunar eclipse. He had the same belief as of Rene Descartes.

Galileo did not have proper tool to measure the speed of light in his 1638 experiment. He could have taken the advantage of Algebra and published the updated GT before he died but he decided to be honest to what he believed in at that time. He was not a speculator.

3. 誠實 (1 分鐘)

伽利略知道早在 1021 年 "光學" 一書的作者說他相信光線由物體射入人眼, 光速有限, 在高濃度的介質中光速較慢. 可是伽利略相信光速無限快所以人們在月蝕現象中測不出任何不共線的數據. 伽利略和笛卡爾都相信光速無限快.

既然伽利略在 1638 年的實驗因爲沒有適當的儀器所以測量不出光速, 那麼他大可以利用代數概念在他有生之年就發表這篇更新版的伽利略轉換. 但是他決定忠於自己當時的判斷. 他不是一個投機者.

4. About GT (2 minutes)

The GT was used to transform data between the coordinates of two inertial systems (described in 4-1) with the relationship stated on 4-2.

4-1. Two Coordinates Systems
The first coordinates system had an observer at the origin point O (0,0,0) to record the time t when s/he saw an event happened at point A (x,y,z). The second coordinates system had an observer at the origin point O' (0,0,0) to record the time t' when s/he saw the same event happened at the same point A with different coordinates A (x',y',z').

4-2. Constant Velocity v
The x' axis of system O' was moving along the x axis of the system O at a constant velocity v related to the system O and headed to the positive direction of x axis. All 3 axes in system O' had the same positive directions of the respective axes in system O. The time was defined as t'=t=0 when O'=O.

4-3. Equations
The GT had two sets of equations. The first set was for the observer at point O to calculate the (x',y',z') and t' based on the results from her/his measurement of (x,y,z) and t. The first set was (x',y',z') = (x-vt, y, z) and t'=t. That included x'=x-vt, y'=y, z'=z, and t'=t.

The second set was reversed. It was for the observer at point O' to calculate (x,y,z) and t by the measured data (x',y',z') and t'. It was (x,y,z) = (x'+vt', y', z') and t=t'.

4.關於伽利略轉換 (2 分鐘)

伽利略轉換可以用來轉換 4-1 所描述的兩個慣性系統之間的坐標值. 這兩個慣性系統必須具備 4-2 所描述的關係.

4-1. 兩個坐標系統
第一個坐標系統有個觀測員留在原點 O(0,0,0)記錄發生在點 A 的事件, 記錄項目包括事件發生的時刻 t 和地點 (x,y,z). 第二個坐標系統有個觀測員留在原點 O'(0,0,0)記錄發生在同一地點 A 的同一事件, 包括事件發生的時刻 t' 和地點(x',y',z').

4-2.等速度 v
系統 O'的 x'坐標軸沿著系統 O 的 x 坐標軸以等速度 v 相對於系統 O 對著 x 軸正向前進. 系統 O'的坐標軸正向與系統 O 的坐標軸正向相同. 當原點 O'與原點 O 重合時, t'=t=0.

4-3.方程式
伽利略轉換有兩個方程組. 第一個方程組是給在原點 O 的觀測員用來計算 (x',y',z') 和 t'的. 在原點 O 的觀測員把測量出來的(x,y,z)和 t 代入 x'=x-vt, y'=y, z'=z, 和 t'=t 就可以計算出 (x',y',z') 和 t'.

第二個方程組正好相反. 在原點 O'的觀測員把測量出來的(x',y',z')和 t 代入 x=x'+vt', y=y', z=z', 和 t=t'就可以計算出(x,y,z) 和 t.

5. The proof of GT (4 minutes)

The first set of GT could be proved in three situations: $t<0$, $t=0$, and $t>0$. For each situation students could look into three events, event A1 located at left side of O'Y'&O'Z' plane, event A2 on the O'Y'&O'Z' plane, and event A3 at right side of O'Y'&O'Z' plane.

5-1. When $t<0$

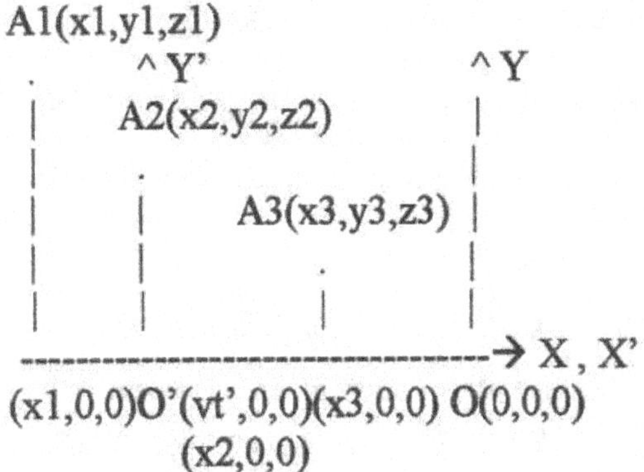

According to above diagram, $x1' = x1 - vt'$, $x2' = 0 = x2 - vt'$, and $x3' = x3 - vt'$. That means we have $x' = x - vt'$. Since $t'=t$ was the choice of GT, replaced t' by t would prove that $x' = x - vt$ when $t<0$.

5-2. When $t=0$

When $t=0$, O'=O so that $x'=x$ and it was also true that $x' = x - vt$ because $vt=0$.

5-3. When $t>0$

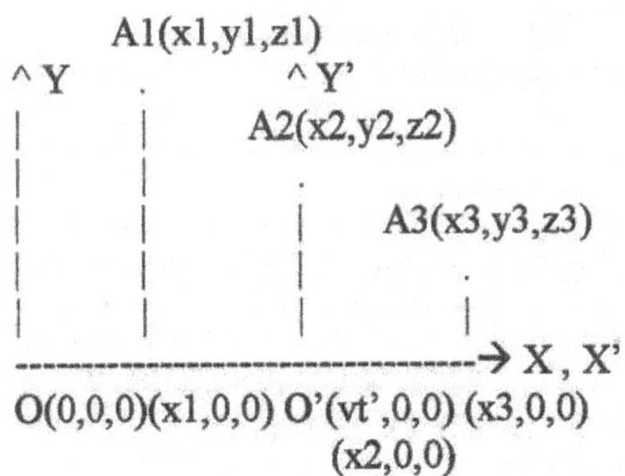

5. 伽利略轉換的證明 (4 分鐘)

伽利略轉換的第一個方程組可以分三種情況來証明:$t<0$, $t=0$, 和 $t>0$. 在每一種情況中同學們可又以分三種情況去觀察: 事件 A1 發生在 Y'軸與 Z'軸平面的左邊, 事件 A2 發生在 Y'軸與 Z'軸平面上而事件 A3 發生在其右邊.

5-1.當 $t<0$ 時

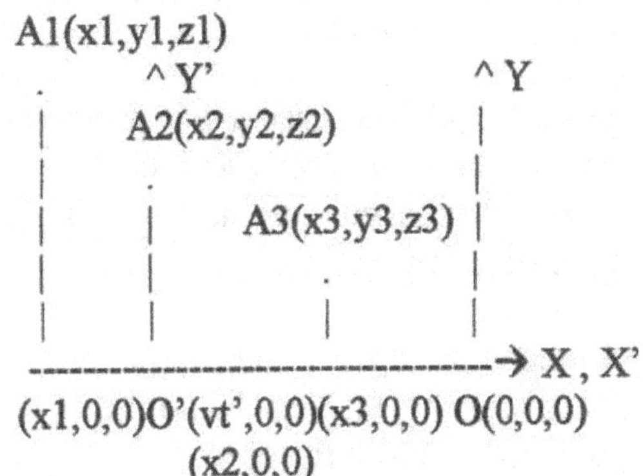

由上圖可知 $x1' = x1 - vt'$, $x2' = 0 = x2 - vt'$, 而且 $x3' = x3 - vt'$. 所以 $x' = x - vt'$. 既然伽利略轉換選擇了 $t'=t$, 把 t'用 t 代替就証明了當 $t<0$ 時 $x' = x - vt$.

5-2. 當 $t=0$ 時

當 $t=0$ 時, 兩原點重合, O'=O 所以 $x'=x$. 因爲 $vt=0$ 所以 $x' = x - vt$ 也正確.

5-3. 當 $t>0$ 時

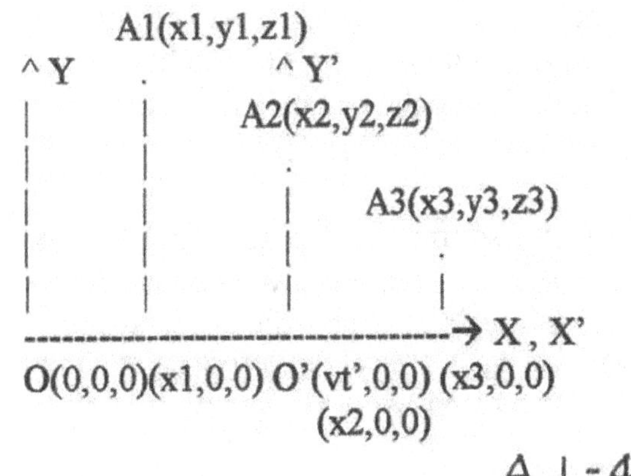

According to above diagram, $x1' = x1-vt'$, $x2' = 0 = x2-vt'$, and $x3' = x3-vt'$. That meant $x' = x-vt'$. Since $t'=t$ was the choice of GT, replaced t' by t would prove that $x' = x-vt$ when $t>0$.

由上圖可知 $x1' = x1-vt'$, $x2' = 0 = x2-vt'$, 而且 $x3' = x3-vt'$. 所以 $x' = x-vt'$. 既然伽利略轉換選擇了 $t'=t$, 把 t'用 t 代替就証明了當 $t>0$ 時 $x' = x-vt$.

5-4. The second set of GT
Since $x' = x-vt'$ was always true, moved vt' to the other side of that equation would prove $x = x'+vt'$ and that proved the second set of GT.

5-4. 伽利略轉換的第二個方程組
既然 $x' = x-vt'$總是正確的, 把 vt'移到等式的另一邊就証明了 $x = x'+vt'$, 也就証明了伽利略轉換的第二個方程組.

6. Update GT (2 minutes)

6. 更新伽利略轉換 (2 分鐘)

To update GT Galileo used a help from Algebra. He used ta to represent the time of the event happened at point A which was measured at point A.

伽利略利用代數來更新伽利略轉換. 他用 ta 代表在點 A 所測量到的該事件發生時間.

The relationship of $y'=y$ and $z'=z$ were clearly true so that Galileo did not need to update them. From the proof in section 5 we had seen the updated relationship $x' = x-vt'$ for the first set of GT and $x = x'+vt'$ for the second sent of GT. Galileo only needed to show us how to update $t'=t$ and $t=t'$.

因爲 $y'=y$ 和 $z'=z$ 這兩個等式顯然正確所以伽利略不必更新它們. 由第 5 節的證明我們已經見過了第一個方程組的更新方程式 $x' = x-vt'$. 第二個方程組的 $x = x'+vt'$是正確的, 不必更新. 伽利略只須要告訴我們如何更新 $t'=t$ 和 $t=t'$.

6-1. $t = ta+(d/c)$
Since it took time for the photo of event happening be sent from point A to point O, the time recorded by the observer at the point O should be later than ta by the time equal to the distance divided by the speed of light. That meant $t = ta+(d/c)$, where d was the distance between points A(x,y,z) and O(0,0,0). Galileo hoped that we knew the distance formula, $d = ((x^2)+(y^2)+(z^2))^{(1/2)}$.

6-1. $t = ta+(d/c)$
因爲事件發生的畫面需要時間由點 A 傳送到點 O, 所以觀測員量出的時刻 t 比 ta 晚了光速由點 A 走到點 O 所花費的時間. 也就是 $t = ta+(d/c)$, d 爲點 A(x,y,z)到點 O(0,0,0)的距離. 伽利略希望我們都了解距離公式 $d = ((x^2)+(y^2)+(z^2))^{(1/2)}$.

It was also true that $t' = ta+(d'/c)$, where d' was the distance between points A and O'. Using the coordinates in system O', for A(x',y',z') and O'(0,0,0), $d' = ((x'^2)+(y'^2)+(z'^2))^{(1/2)}$.

這個事實對系統 O'的觀測員來說也是對的. 在系統 O'裡頭, $t' = ta+(d'/c)$, d'是 A(x',y',z') 和 O'(0,0,0)的距離, $d' = ((x'^2)+(y'^2)+(z'^2))^{(1/2)}$.

6-2. t' = t+((d'-d)/c)
To calculate t' from t, Galileo replaced the ta in t' = ta+(d'/c) by ta = t-(d/c) to get t' = t+((d'-d)/c). The update for the first set of GT was done.

6-3. Update the second set of GT
By replacing the ta in t = ta+(d/c) by ta = t'-(d'/c) we could get t = t'+((d-d')/c) by ourselves. We derived the second set of updated GT, it was (x,y,z) = (x'+vt', y', z') and t = t'+((d-d')/c).

7. The calculation (1 minute)

The updated GT was not practical because the calculation was not easy. The second set of updated GT looks okay because the (x,y,z) in d could be replaced by (x'+vt', y', z') to calculate t. However, the first set of updated GT looked confusing. The first equation x' = x-vt' already included an unknown variant t'.

To calculate t' we cloud start from t' = t+((d'-d)/c) to get d' = ((t'-t) c)+d then square both sides to get a quadratic equation of the variant t'. Then we could calculate t' by the existed formula.

8.Time is over

Now, 10 minutes is over. Do you understand the updated GT? The major reason that Galileo made the wrong choice is because he did not know that even the speed of light was finite, owing to the way we see things, it looks like photons run into our eyes at an infinite speed. Please contact me at jh85@verizon.net if you like to support the updated GT. Thanks.

6-2. t' = t+((d'-d)/c)
由 t 去計算 t'的公式只要把 t' = ta+(d'/c)裡頭的 ta 用 ta = t-(d/c)代入就可以得到 t' = t+((d'-d)/c). 那就是更新的伽利略轉換公式.

6-3. 更新伽利略轉換的第二個方程組
把 t = ta+(d/c)裡頭的 ta 用 ta = t'-(d'/c)代入就可以得到 t = t'+((d-d')/c). 更新的伽利略轉換第二個方程組就是(x,y,z) = (x'+vt', y', z') 和 t = t'+((d-d')/c).

7.計算 (1 分鐘)

更新的伽利略轉換並不實用. 第二個方程組的 t = t'+((d-d')/c) 可以把 d 裡頭的變數(x,y,z)用(x'+vt', y', z')代入計算. 雖然不容易, 至少變數關係還算清楚. 然而第一個方程組的 x' = x-vt'就包含了一個未知數 t'. 需要增加一個步驟才能計算出 t'.

我們可以由 t' = t+((d'-d)/c) 得到 d' = ((t'-t) c)+d 再把等號兩邊平方. 這樣就得到一個 t'的一元二次方程式. 接下來就可以用公式去計算 t'.

8. 時間到了

現在 10 分鐘到了. 您是否了解更新的伽利略轉換? 伽利略做了錯誤抉擇的主要原因是因爲他不知道即使光速是有限的, 然而我們的觀測全部依賴光線, 所以光子就好像以無限快的速度射入人們眼睛. 如果您想要積極支持更新的伽利略轉換請傳電郵到 jh85@verizon.net 給我. 謝謝.

愛因斯坦1905年的狹義相對論論文錯了

2008年7月14日 作者: 黃志鴻

愛因斯坦在1905年6月30日發表的論文, 英語版, "On the Electrodynamics of Moving Bodies" 裡面聲明他證明了洛侖茲轉換. 他的證明對於狹義相對論非常重要, 因爲愛因斯坦利用洛侖茲轉換提出狹義相對論的時間公式 t' = (1/k)t, k = ((1-(v/c)^2)^(-1/2). 那個k就是出名的洛侖茲因子.

由於愛因斯坦的狹義相對論把可以在空間任何一點發生的事件限制在動系原點發生, 所以狹義相對論只是洛侖茲轉換的一小部分. 在狹義相對論的條件下, 對於在靜系原點的觀測員來說事件發生的地點坐標就是 (x,y,z) = (tv,0,0), 於是把 x = tv 代入洛侖茲轉換的時間公式, 愛因斯坦的狹義相對論就出爐了.

既然狹義相對論只是洛侖茲轉換的一部分, 爲何狹義相對論比洛侖茲轉換更加出名?

因爲狹義相對論的時間公式沒有空間位置的變數x; 所以看起來動系與靜系之間的時間觀測值互換公式只和相對速度v與光速c有關. 只看數學公式, 狹義相對論實在比洛侖茲轉換簡明. 於是愛因斯坦把相對速度再轉個觀念, 把它變成相對速率來大力推廣, 到了第21世紀, 他終於把狹義相對論的知名度成功建立起來.

但是如果洛侖茲轉換錯了, 那麼, 狹義相對論只好跟進.

今天我們先不管洛侖茲轉換錯在哪裡. 我們只指出愛因斯坦在1905年6月30日發表的論文並沒有證明了洛侖茲轉換.

1. 愛因斯坦落掉一個重要的條件

愛因斯坦在1905年論文英語版第?1節定義"兩鐘同步" 落掉了一個重要的條件. 他對於"兩鐘同步" 只提出三個條件: 1) 兩鐘A和B同規格. 2) 在時刻tA, 於點E, 由主鐘A向客鐘B發射光束, 在時刻tB, 於點R到達客鐘B, 立刻反射向主鐘A, 在時刻tA', 於點T到達主鐘A. 3) tB-tA = tA' -tB. 如果1), 2), 和3)都成立則兩鐘同步.

他落掉了條件 4) 兩點距離ER=RT. 因爲如果ER>RT則兩鐘並列時 (tA+(ER/c)) - tB = (ER-RT)/2c, 客鐘B比主鐘A 早了(ER-RT)/2c, 反過來, 如果ER<RT則兩鐘並列時tB-(tA+(ER/c)) = (RT-ER)/2c, 客鐘B比主鐘A 遲了(RT-ER)/2c. 只有ER=RT 時兩鐘才會同步.

2. 愛因斯坦落入自己設置的陷阱

愛因斯坦在1905年論文英語版第?3節把動系k的原點時鐘當作主鐘, 對正向x' 軸上的客鐘進行他在第?1節定義的 "兩鐘同步". 他以爲這樣可以推論出一個等式 (t2+t0)/2 = t1.

可是事實上, 在動系中, 因爲動系原點向 x 軸正向以等速v移動, 所以當光束由E點向 x 軸正向發射而到達反射點R的時候, 動系原點已經移動到ER之間, 所以接收點T必定在ER之間, 也就是ER>RT. 我們分兩種情況來分析:

2-1. 情況之一, 如果愛因斯坦用他在第?1節定義的 "兩鐘同步" 方法 把客鐘時刻 t1 配合主鐘時刻 t0和 t2 調整成爲 t1-t0 = t2-t1, 則客鐘比主鐘早了(ER-RT)/2c. 在對時以後, 愛因斯坦把客鐘向主鐘移近, 移近到兩鐘距離無限小, 然後他以爲他得到了一個微分等式. 他不知道ER變得很小的時候, 就差不多是比較同一時刻的客鐘和主鐘時間; 既然客鐘比主鐘早, t1 < (t0+t2)/2, 所以 t1-t0 < t2-t1. 也就是說他在對時時刻所得到的等式 t1-t0 = t2-t1 在客鐘向主鐘移近以後就變成 t1-t0 < t2-t1, 也就是 (t2+t0)/2 > t1. 他實際得到一個微分 "不" 等式. 再由正確的微分 "不" 等式繼續推論下去, 愛因斯坦就無法在第?3節証明出洛侖茲轉換的等式.

2-2. 情況之二, 如果愛因斯坦已經把客鐘和主鐘用靜系的時鐘同步, 那麼因爲 ER>RT, 客鐘將在發射時刻和接收時刻的平均時刻之後才反射光束. 也就是愛因斯坦所得到的是一個不等式 (t2+t0)/2 < t1. 再由正確的不等式 (t2+t0)/2 < t1 繼續推論下去, 愛因斯坦就無法在第?3節証明出洛侖茲轉換的等式.

所以由以上2-1和2-2兩點可以知道, 到目前爲止, 還沒有人証明出洛侖茲轉換. 如果您想知道洛侖茲轉換錯在哪裡, 請用電郵jh85@verizon.net告訴作者. 謝謝您.

讀者投書

本報社本持言論公開，立場中立之一貫原則．本專欄乃屬公開園地，並不代表本報社立場，歡迎大家踴躍投稿，說出不同的心聲．來稿請附上真實姓名，住址及聯絡電話，逕寄本報社，電子郵箱，或傳真。文章可用真名或筆名。

A2-1-1

031

英文教育…阿扁…台獨關係

發表人 內容

黃志鴻

發表於: 星期六 八月 08, 2009 2:01 pm 文章主題: 題外

註冊時間: 2009-02-28
文章: 329
來自: 美國

御和風 寫到:

> " 一個年輕人乘坐時光機回到過去殺死父母，因爲把父母殺了所以不會有他，既然不會有他父母也就不會被殺而平安生下他，但平安生下他卻又陷入被自己兒子殺的無解循環！(把殺父母改成殺自己也可以)
> 這是一道科學謎題，霍金曾經解釋過...不再贅言 "

說明一下這個題外的 "科學謎題":

這是基於 "狹義相對論" 而產生的無解循環. 狹義相對論是尚未蓋棺的科學理論, 有許多矛盾的科學謎題因它而興. 例如孿生兄弟謎題就是直接由愛因斯坦 1905-6-30 論文第4節推論出來的謎題, 哥哥40年太空旅行回來, 弟弟已經比他老十多歲. 我認爲狹義相對論是錯誤的.

如果根據 "觀測定律", 一個事件遠離觀測者而去, 則事件真實時段比事件記錄時段短: 也就是說, 觀測者撕去2012-1-1 日曆時, 卻看到(如果看得到)離去系統的人正撕去2011-12-12 的日曆. 這個結論和 "狹義相對論" 類似. 但是, 根據 "觀測定律", 一個事件如果朝向觀測者接近時, 事件真實時段就反而比事件記錄時段長. 也就是說, 如果兩個系統不繼續分離, 轉向會合的話, 他們的時間差異就逐漸減少. 也就是說, 人類回不到過去, 也無法走入未來.

但是, 呈現在自己眼前的 "現在畫面" 卻可以包括數萬年前的事件: 例如包括月亮, 飛機燈, 和星星的夜景, 共線的三個亮光其實多半是不共線的. 星星的位置可以是數萬年前的位置, 因爲在那個位置發出的光經過數萬年才到達自己眼睛, 飛機燈是大約十萬分之一秒以前, 差不多是 "現在", 的位置; 月光則是一秒多以前的位置. 我們看日蝕所記錄的交會時刻大約也比實際交會時刻慢了一秒多.

而陽光大約需要500秒才能到達地球, 也就是說天亮的時刻是指當天第一批光子到達我們眼睛的時刻, 不是那同一批光子離開太陽的500秒之前. 我們的眼睛依賴接觸光線來記錄事件發生時刻, 然而一般而言, 事件發生時刻並不像我們定義 "日出時刻" 那麼一致. 如果在地球看得到月球有人放煙火, 那麼, 實際放煙火的時刻就比在地球上記錄放煙火的時刻早了一秒多. 人類還沒有開始去了解 "觀測定律", 物理教科書沒教.

A2-2-1

032

13 品人

人是政事的主要因素所以必須知道人的根本. 人有一正一副兩個根本,
也就是情為正本而理為副本. 情之為物, 不只是在玆念玆而且要互感互益. 古語說
"天下無不是的父母"雖然誇張卻也暗示如果父母親不留意互感互益就容易被子女視為
無情. 想要互感互益那就需要"理"的協助, 所以理為人之副本.

情至少分為專博長短深淺激緩奇凡五種考量, 各適雙方的天性, 而"合者有緣".

正因為情之多采多姿, 才能夠直教人生死相許. 若論至情, 非"慈悲"莫屬.
所謂天地同慈一體大悲而物我兩忘再無是非, 只有全心的慈悲. 人之為物可以分為3等,
每等大約 4品, 一共13品 (上下等, 各分4品, 中 5 品, 一共13品) 的人格, 介紹如下:

2-1. 至情至理, 是明白相關客觀事實而全心慈悲的人. 雖然尚無這種知名的領袖, 但是,
有不少默默無聞的人, 尤其是天主教徒和佛教徒, 卻是全心慈悲而且兼容至理,
每天認真喜悅去過日子。他們當然是第一品人. 世界因這些上等人而溫暖.
2-2. 至情足理, 是明白超越事實, 科學事實, 個人事實, 或宗教事實等等需要"相信"
的事實, 具有足理而全心慈悲的人, 例如佛陀.
2-3. 足情至理, 是明白相關客觀事實而全心利他, 博愛, 律己, 或忠恕等等心中
"分別"人我, 具有足情的人, 例如孔子和墨子.
2-4. 足情足理, 是具有足情和足理的人, 例如耶穌, 惠能, (心靈大師莊子,)
和利他而不專利的居禮夫人.
2-4-1. 台灣全民黨主張台灣雙悟, 一悟今生, 力求了解自性; 一悟當下, 力求不枉此生,
在目前局勢中找一件有益人類的事, 也就是盡心去做利他的事.
希望因此讓台灣多產生一些足情足理的人.
2-4-2. 如果天生智力或體力尚不足以照顧自己一身,
只要盡力仍然有機會成為第4品人; 因為相關的個人事實很少所以仍可能足理,
而全心徹底的律己也可能同時足情.

2-5. 理勝於情, 是至理或足理, 有情而不足情的人, 例如至理老子, 解難曾參,
解爭子思, 本草天王李時珍, 數學王子高斯, 和台灣之光李遠哲.
2-6. 情勝於理, 是至情或足情, 有理而不足理的人, 例如至情證嚴上人,
足情(利他領袖)孟子, 王守仁, 和岳飛, 律己領袖王陽明, 和聖嚴法師.
如果要能夠滿足信徒的情, 情又那般多元化, 自然是信徒越多越難辦妥.
2-7. 有情有理, 是一般平凡可愛的人. 例如劉德華, 張飛, 費玉清, 恆述法師, 和蕭麗紅.
世界因這些至少7品的人而可喜有趣.
2-8. 有情弱理, 是偶而失控或固執偏見的人. 例如克林頓總統.
2-9. 有理薄情, 是比較自私的人.

2-10. 薄情弱理, 是比較自私又偶而失控或固執偏見的人.
2-11. 有(薄)情無理, 是容易失控的人(真的瘋子), 例如希特勒.
2-12. 有(弱)理無情, 是完全自私的人(假裝是瘋子的人).

A2-3-1

2-13. 無情無理, 是完全自私又容易失控的人(弄假成真的瘋子). 例如毛澤東,
他主動發起文化大革命. 世界因為這些下品人而冷酷.

母親節是西方傳入台灣的好文化. 由於母親的生活中心就是家庭,
母親最關切的就是自己的子女, 所以我認為, 母親至少已經擁有20%的天生利他真情.
在100年前, 父親必須把心思放在家庭以外的世界, 所以關切子女的程度不及母親,
大約不到一半, 只有8%的天生利他真情. 雖然如今母親也須要賺錢, 一般而言,
父親卻長進不多, 我的主觀評估勉強給個12%利他真情. 然而, 真心領養小孩的父母,
又不一樣, 真心的養父母各有50%的利他真情.

今天是母親節, 我選幾位認識或深或淺的母親, 試著分析她們的人品如下:

1. 我太太二姊的婆家, 她最近因癌症逝世. 她知己甚明, 眼光清澈, 明白100%
個人事實; 在言行上律己甚嚴, 只有朋友沒有敵人. 享年近90歲, 是足理足情第4品人.

2. 我的丈母娘, 過世多年. 她的照片就在我放麥片熱飲的櫃子上.
她領養一個親戚的小男孩, 既有50%的利他真情, 又有50%的律己表現,
她是足情有理的第6品人. 我太太的50%利他真情表現於工作熱忱, 頻頻領取服務獎,
所以有其母必有其女, 目前我太太已經是坐穩第6品, 仍可提升.

3. 我的母親, 有情有理, 既有20%的利他真情, 又有50%的律己表現, 坐7望6.
有子不肖如我, 私情稍微放縱, 而今只得坐9望7的人品.

4. 我的二妹, 有情有理, 既有20%的利他真情, 又有50%的律己表現; 她發表許多論文,
可惜我只讀過一篇, 不確定她在理字的成就,
所以我認為她可能是坐7或坐5而望4的人品.

5. 最後一位是我的朋友, Judy Fu, 傅太太. 她1972年到美國東岸, 已有一男一女.
既有20%的利他真情, 又有50%的律己表現. 然而, 她可不簡單.
她十分明白自己喜愛的人生是要在廚藝有所發展, 而且,
她到了美國就實際研習美國人的口味. 在東岸入美以後, 她進入餐飲業,
大致了解經營方式; 然後選擇西雅圖為目標市場. 搬到西雅圖, 她在不同的餐廳掌廚,
熟悉各地方的客人口味, 終於在1993年開業. 我在1995年認識她,
她是我的主要客戶之一. 由於經常送錄影帶到她的Snappy Dragon,
所以對她店門外的特殊景像印象深刻. 我發現總是有或多或少,
在門外愉悅閒聊耐心等候座位的客人. 她的客人大多是美國人, 攜家帶眷的多,
成雙的也有. 她的麵食口碑極佳, 西雅圖時報更曾經票選她的Snappy
Dragon為四星級餐館. 在她的餐館工作, 即使是不景氣的時期也完全不受裁員威脅.
既然長久以來提供許多人 "美好麵食", 我認為100%的利他真情對 Judy
來說是當仁不讓; 她又完全明白個人事實, 樂在其中; 她是坐4望3, 甚至於望1的人品.

音調文字 Tone C.

臺灣字 Taiwan Characters　　黃志鴻　2009-12-20

034

1》臺語漢字

寫臺語的工具很多: 漢字, 白話字, TOLPA, 通用拼音, 臺羅, 以及陳殿冠的臺語注音, 甚至於用拼音或中文簡體字都可以寫臺語. 那麼在臺灣的閩南人大多喜歡哪一個工具呢? 我認為他們大多喜歡漢字. 所以早就已經用類似香港粵語漢字系統的方式建立起臺語漢字, 並且正在繼續努力.

1-1. 我很喜歡這個事實卻也為這個事實擔憂. 因為這一條高雅優美的路太難走了. 自從楊青矗在 1992 年 7 月 1 日出版「國台雙語辭典」以來臺灣的臺語漢字字數不但沒有增加, 既有的臺語漢字反而多出不少選字異議, 很難統一.

1-2. 最麻煩的是臺語漢字的市場不增反減. 英語市場固然一路增加, 由於和中國往來更加密切, 中文市場也是有增無減, 最近客語漢字也進入市場, 所以不論臺語漢字的作家多麼努力, 臺語漢字的市場前途並不樂觀, 很難達到粵語漢字的成就.

2》輔助文字系統

如果臺語漢字胎死腹中, 為了讓臺語能夠經由文字, 跟著臺灣文化一代一代流傳下去, 在臺灣的閩南人就必須趕快建立一套臺語漢字的輔助文字系統. 否則一旦臺語漢字胎死腹中, 那麼臺語就很可能跟著慢慢消逝.

2-1. 但是如果在臺灣的閩南人不想被逐漸埋沒在福建的閩南文化裡頭, 就不應該使用白話字. 因為白話字網站的文化正是福建的傳統中國文化. 在臺灣的多國閩南文化已經和福建的閩南文化大不相同, 例如全民直選總統, 英語相當流行, 以及網路十分自由, 等等; 而且客家文化也透過通婚大幅度影響了臺灣的閩南文化.

2-2. 如果在臺灣的閩南人要保存進步的臺灣文化, 就不宜使用白話字. 由於 TOLPA 和臺羅都是白話字系統, 所以也不太適合. 曾經主導臺語歷史的臺語系統就只剩下通用拼音. 除此以外為了和英語配合, 臺灣人發明了不少直觀文字方案; 還有為了利用注音的既有環境, 也有幾套臺語音標. 在多種不同的解決方案中, 陳殿冠的臺語注音是我最欣賞的臺語工具.

3》臺灣多國異語文化

然而臺灣文化並不是只有閩南文化. 各種山地語言和文化固然是最早期的臺灣文化. 在閩南文化之後也有客家語言和文化. 在 19 世紀後期與整個 20 世紀日本文化, 中國文化, 和美國文化更實際主導了臺灣文化的走向.

3-1. 也就是說一直到西元 2000 年臺灣這個多國異語文化才逐漸擺脫美國文化, 開始努力整理自己這個全球難得一見的多國異語文化. 為了保存這麼特殊的臺灣多國異語綜合文化, 我發明了類似韓文的臺灣字. 一旦學會臺灣字就可以用臺灣字去寫臺語, 客語, 各種山地語, 英語, 和漢語.

4》臺灣字簡介

臺灣字以辭為單元, 可以和臺語漢字同時一對多的使用. 這樣可以把 “以字為單元的漢字” 逐漸引導, 走向 “以辭為單元的臺灣字”. 臺灣字學習韓文的方塊字, 像韓字一樣把一個字的發音全部寫進一個方格.

4-1. 但是臺灣字比韓字進步. 因為臺灣字包含聲調符號, 而且把聲母和韻母分開寫:

A2-4-1

把韻母寫在中央, 把聲母寫在外圍, 把聲調符號寫在其間. 以下是臺灣字和注音, 拼音, 以及改良拼音的對照表:

ㄅㄆㄇㄈㄉㄊㄋㄌㄍㄎㄏ ㄐ ㄑ ㄒ ㄓ ㄔ ㄕ ㄖ ㄗ ㄘ ㄙ ㄣ ㄥ
b p m f d t n l g k h j q x zh ch sh r z c s n ng
b p m f d t n l g k h dsi tsi si dr tr sr r ds ts s n ng z bv gv nn

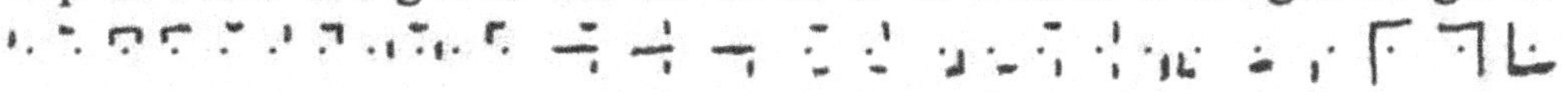

ㄚㄛㄜ ㄝㄞㄟ ㄠㄡ ㄢㄤ ㄦ ㄧ ㄨ ㄩ ㄭ
a o e e ai ei ao ou an ang er y,i w,u ü i.e
a o eh e ai ei au ou an ang er y,I w,u uu

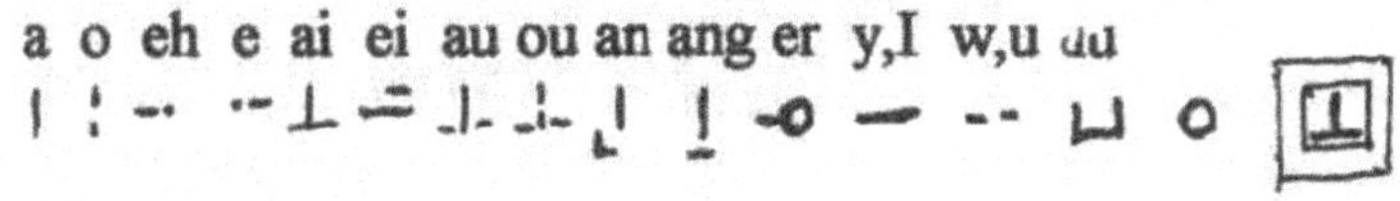

4-2. 聲調
1 2 3 4 5 6 7
So MiSo Do SoDo Re DoRe Mi

4-3. 英語:
v th dh j ch sh zz ah ih uh ae
v θ ð dʒ tʃ ʃ ʒ ʌ ɪ ʊ æ 

5 》兩個例句, 四種語言

5-1. 我不會寫 (臺語, 客家話, 中國話.) 印刷体

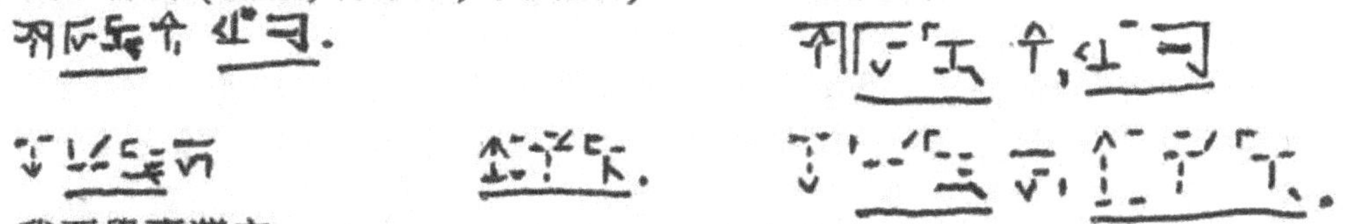

5-2. 我要學臺灣字.

5-3. I don't know how to write (Taiwanese, Hakka, Chinese.)

5-4. I like to learn Taiwan characters.

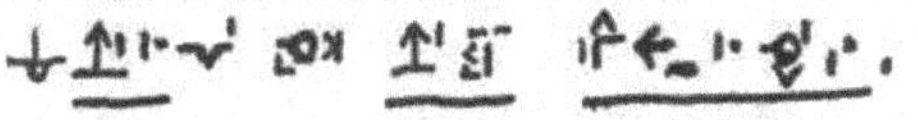

6 》山地語言和世界語

臺灣字也許要增加一些符號來寫山地語言; 但是因為語言是約定俗成的, 也可以將就現有符號把山地語言寫出來. 臺灣字可以增加一些符號去寫各種語言, 所以臺灣字是未來世界語的理想文字. 學會臺灣字, 就可以用臺灣字去寫世界語.

036

台灣憲法

前言

許世楷先生在 1989 年 1 月發表他在 1975 年起草的 "台灣共和國憲法草案", 書名 "台灣未來的描繪". 我十分敬佩許世楷先生對台灣的貢獻. 在他任內所爭取到的 "去日本免簽證" 更是難得的成就. 他的憲法構想是內閣代議制.

如果台灣採用內閣代議制, 要如何進一步走向直接民主制呢? 讓我把許世楷先生的 "民選上院和下院議員" 轉換成 "法定國會議員", 並且加上積極的 "獨立職院" 與 "獨立品院", 一段一段來介紹 "直接民主制" 的憲法草案. 許世楷先生的內閣代議制憲法草案有 99 條, 手續草案有 12 條, 一共 111 條. 轉換後的直接民主制憲法草案有 91 條, 手續草案有 9 條, 一共 100 條.

台灣國憲法草案

我們的原住民祖先, 過去在台灣的原野自由, 和平地生活著. 我們的漢語系祖先, 為了逃避惡政, 戰亂, 或飢餓; 追求自由, 和平, 與較好的生活, 移住台灣. 但是, 我們台灣人自由, 和平, 與較好的生活, 仍然時常受到外來政權的干擾. 因而, 我們決意以自己的力量, 來維護我們自由, 和平, 與較好的生活; 為此, 我們結合, 共同創設獨立的台灣國.

第一章 總論

--第一條-- 台灣國的主權, 屬於國民. 凡居住台灣國, 言行不害台灣國的非外國人就是台灣國的國民, 稱為台民. 言行有害台灣國的非外國人, 經法院判定, 就是台奸. 台奸在出國, 或有國民為其連坐擔保以前, 必須拘禁, 給予溫飽的基本生存待遇.
--第二條-- 台灣國的領土包括台灣, 台灣沿岸諸島, 和澎湖群島. 金門和馬祖等中國沿岸諸島, 由當地居民公投, 決議是否加入台灣國.
--第三條-- 台灣國的榮耀, 屬於國民, 僑胞, 和友人. 凡不住在台灣國, 言行有益台灣國的台灣人就是台灣國的僑胞, 稱為台僑. 凡言行有益台灣國的外國人就是台灣國的友人, 稱為台友. 居住台灣國的是台近友, 其他的是台遠友.
--第四條-- 台灣國的官方語言, 按照主輔順序, 依次為漢語, 英語, 台語, 和客語. 憲法必須立即以四種語言公告. 全國適用的法律必須立即以漢語而限期以英語, 台語, 和客語公告. 其他法律必須立即以漢語而限期以英語公告.

第二章 國民的權利與義務 - 情理法綱目

A2-5-1

--第五條-- 個人的尊嚴, 老幼病弱者的權利, 在社會與家庭生活上, 應受尊重.
--第六條-- 國民, 除了受害者與老幼病弱者的特別保護以外, 在法律之下一律平等.
--第七條-- 言論, 出版, 集會, 結社, 以及秘密通訊的自由, 除了法律規定或法官判定外, 不得侵害.
--第八條-- 國民, 除了法律規定或法官判定外, 有居住, 遷移, 脫離國籍, 以及選擇職業的自由.
--第九條-- 國民, 除了法律規定或法官判定外, 有享受健康文明生活之權利. 為此, 政府應努力普及並提高環境保護, 公共衛生, 國民福利, 社會安全, 以及文化設備的品質.
--第十條-- 國民, 除了法律規定或法官判定外, 凡十八歲以上, 有公投, 選舉, 與被選舉權. 僑胞, 除了法律規定或法官判定外, 凡十八歲以上, 有選舉權.
--第十一條-- 公投和選舉, 以普通, 平等, 直接, 而秘密的投票, 行之.
--第十二條-- 公投, 除了本憲法第九十一條規定之憲法修改外, 以得投票總數的過半數, 為通過. 公投, 除了本憲法第七十一條規定之最高法院裁判官罷免公投外, 有法律的制定, 修改, 廢除, 以及法定公務員的罷免, 兩種提案公投.
--第十三條-- 公投的提案, 除了本憲法第九十一條規定之憲法修改外, 須由具有選舉權者, 取得全國具有選舉權者百分之一以上的同意簽署, 為之.
--第十四條-- 人, 有就損害的救濟, 對公務員的彈劾, 對法律, 政令, 規則, 以及條例的制定或改廢, 向有關公共機構請願之權利.
--第十五條-- 人, 非經法定的適當且公正之手續, 不得剝奪其生命, 也不得剝奪其身體的自由.
--第十六條-- 人, 除了現行犯以外, 非具有法定司法機構所簽發, 明示具體犯罪理由之令狀, 不得逮捕之.
--第十七條-- 人, 非告示以理由, 並使其選任辯護人, 不得拘禁, 或審問之. 關於拘禁理由, 本人或其辯護人, 得要求盡快在本人與其辯護人出席的公開法庭, 審理之.
--第十八條-- 人, 不得剝奪其在法院接受裁判之權利.
--第十九條-- 人, 受司法機構拘禁, 判決無罪確定時, 得向有關公共機構請求賠償.
--第二十條-- 非現役軍人, 不受軍事裁判.
--第二十一條-- 公務員, 禁止從事拷問, 以及殘虐的刑罰.
--第二十二條-- 公務員, 除了法律規定或法官判定外, 侵害任何人的自由或權利, 應受懲戒, 並且負刑事以及民事上責任. 受害人, 得就所受損害, 向有關公共機構請求賠償.
--第二十三條-- 私有企業, 除了高度公共性, 或獨占性的行業以外, 應依法予以保障, 並鼓勵.
--第二十四條-- 私有財產, 應依法予以保障. 但私有財產的繼承, 贈與, 應課以高度之累進稅.
--第二十五條-- 國民, 有應其能力接受高等教育的權利; 有使其子女接受普通教育的義務. 學校教育, 一律免費.
--第二十六條-- 國民, 有勞動的權利與義務. 為此, 本憲法第七章, 職院, 規定就業輔導與失業救濟辦法.
--第二十七條-- 國民, 有依法納稅之義務.

--第二十八條-- 國民, 有依法服兵役之義務.
--第二十九條-- 預備軍人, 須加入民兵組織. 民兵組織的宗旨, 在於維護國民的自由, 國家的獨立.
--第三十條-- 在此所規定的自由與權利, 須以所有的國民之不斷努力來維護.

第三章 總統 - 國民情義的表徵

--第三十一條-- 總統, 為國家元首, 代表國家; 不得由現役軍人擔任之.
--第三十二條-- 總統, 締結條約, 公告宣戰, 發佈特赦與大赦; 但此等行為, 須以內閣首席部長的請求, 與副署, 為之.
--第三十三條-- 總統, 依照本憲法第四十五條, 第四十六條之規定, 召集國會. 任命國會議員中可獲得過半數同意者, 為內閣首席部長. 總統, 接受內閣總辭職.
--第三十四條-- 總統, 在最高法院裁判官缺員時, 於高等法院之法官中, 指定接任的裁判官.
--第三十五條-- 總統, 副總統, 各由具有選舉權者直接選舉之; 各以得投票總數的過半數, 為當選. 最高得票者, 未過半數時, 則提示於國會, 付之信任投票, 仍不得過半數時, 重新選舉之.
--第三十六條--總統, 副總統, 其任期為五年, 不得連續三任.
--第三十七條-- 總統, 不能遂行職務時, 由副總統代行之. 總統, 副總統, 均不能遂行職務時, 由國會議長代行之.
--第三十八條-- 總統缺位時, 由副總統繼任之; 至其任期屆滿為止. 總統, 副總統均缺位時, 由國會議長代行職務; 該總統任期仍有一年以上時, 由國會議員互相推選總統, 副總統; 其任期, 以補足原任者的任期為止.
--第三十九條-- 副總統, 協助總統; 不得由現役軍人擔任之.

第四章 國會 - 依義, 合理設定法律

--第四十條-- 國會, 代表國民行使立法權.
--第四十一條-- 國會, 由公務員依本憲法第四十二條, 第四十三條規定構成之. 國會議員任期為五年, 不得連任. 無適當人選時, 得隔屆續任之. 國會議員出缺時, 必須在五個工作天內, 由原小選區補足.
--第四十二條-- 國會, 由依法根據具有選舉權者人口平均畫定三大選區, 各大選區又畫定的二十小選區中; 每個小選區按本憲法第四十三條規定, 產生兩名議員, 共一百二十名議員, 構成之.
--第四十三條-- 國會議員, 在大選區的四十名議員必須按照該大選區, 具有選舉權者之性別和年齡比例分佈. 年齡, 按該大選區總人數分為四段, 每個年齡段產生十名議員; 以各選區較高職等之公務員優先任用之; 同職等時, 由公務員互選.
--第四十四條-- 國會議長和副議長, 由國會議員互選之.
--第四十五條-- 國會定期會, 每年分為春秋兩次, 由總統按時召集之.
--第四十六條-- 國會臨時會, 有內閣首席部長, 或議員總數的四分之一以上請求時,

總統須召集之.
--第四十七條-- 國會解散時, 須於解散之日起三十日以內, 完成議員更新.
--第四十八條-- 國會, 非得其議員總數的三分之一以上出席, 不得議事, 且不得表決之.
--第四十九條-- 國會議案, 除了本憲法第九十一條規定之憲法修改以外, 得出席議員之過半數贊成, 為通過; 贊成, 反對同數時, 議長得裁決之.
--第五十條-- 國會, 對總統任命的內閣首席部長, 行使同意權.
--第五十一條-- 預算案, 在新會計年度開始前未獲國會通過時, 內閣, 職院, 品院得暫時依前年度預算, 執行其財政.
--第五十二條-- 國會議事, 公開之. 國會議員, 在國會內所作言論, 表決, 對會外不負責任.
--第五十三條-- 國會議員, 在國會開會期中, 不得逮捕; 開會期前逮捕者, 經國會要求時, 應予以釋放.

第五章 內閣 - 依法, 合理維護公義

--第五十四條-- 行政權, 屬於內閣.
--第五十五條-- 內閣, 由首席部長, 以及其所選任的各部部長, 無管部部長, 構成之. 首席部長, 得隨時任免部長. 部長, 必須為公務員, 又須過半數為國會議員.
--第五十六條-- 首席部長, 以及部長, 不得由現役軍人擔任之.
--第五十七條-- 內閣, 在行政權的行使上, 對國會負責. 首席部長, 以及部長, 得隨時出席國會報告國務, 說明議案; 受國會請求時, 須出席答辯質詢.
--第五十八條-- 首席部長, 在國會通過內閣不信任案時, 得於十日以內請求總統解散國會, 否則, 內閣須向總統提出總辭職.
--第五十九條-- 內閣, 首席部長缺位時, 須向總統提出總辭職.
--第六十條-- 提出總辭職的內閣, 在新內閣成立以前, 以使行政事務不停滯為限, 繼續執行職務.
--第六十一條-- 首席部長, 主持內閣會議, 統轄內閣, 以及指揮監督行政各部門; 向國會提出議案, 預算案, 法律案, 條約案, 宣戰案, 特赦與大赦案.
--第六十二條-- 部長, 出席內閣會議. 各管部部長, 指揮監督其所管部.
--第六十三條-- 內閣, 為執行法律, 得制定政令. 但政令, 除了法律有委任外, 不得規定罰則.

第六章 法院 - 依法, 合理斷定利益

--第六十四條-- 司法權, 屬於法院.
--第六十五條-- 法院, 分為地方法院, 高等法院, 與最高法院. 最高法院之法官, 又名裁判官.
--第六十六條-- 法官, 除了裁判官以外, 經由職院檢定, 於法定名額出缺時, 依序任命之.

--第六十七條-- 法官, 只須依照本憲法與法律, 不受任何干涉, 獨立行使其職權.
--第六十八條-- 法官, 除了裁判官依照本憲法第七十一條應免職以外, 非受刑事, 或懲戒之處分, 或禁治產之宣告, 不得免職.
--第六十九條-- 最高法院, 由總統任命裁判官, 包括兼任裁判官之院長, 共五名, 構成之.
--第七十條-- 各法院院長, 由法官互選, 任期為五年, 得連任之. 院長, 仍保持法官之職位.
--第七十一條-- 裁判官, 須在國會議員更新的同時, 接受公投審查; 其所得罷免票超過投票總數的半數者, 應免職.
--第七十二條-- 最高法院, 為判決法律, 政令, 規則, 條例, 與處分, 是否合憲之最終審法庭.
--第七十三條-- 最高法院, 得制定有關訴訟手續, 各級法院內部秩序, 以及處理司法事務之規則. 但與法律抵觸的規則無效.

第七章 職院 – 依理, 合情維護民生

--第七十四條-- 資格檢定權, 屬於職院.
--第七十五條-- 職院主試員工稱為職官, 由合格備用公務員依序補足, 自就職日起, 每年由所在地法官, 審閱該職官之品院考核記錄與新科技檢定記錄一次, 依職官資格規定判決去留. 無法判定時, 得約談, 抽測相關科技, 決定之.
--第七十六條-- 職官, 與國內公私研究機構, 大專院校, 以及國際主要科技統合機構連繫, 成立民間翻譯, 法律, 與企業科技輔導網站, 提供免費自習與模擬測試, 主持收費的個人知識, 民間專業, 備用公務員資格, 鑑定考試; 合格者, 給予證書與網路證明.
--第七十七條-- 職官, 與國稅局, 勞保局, 民間商會, 工會, 農會, 漁會, 牧會連繫, 提供適當失業救濟金, 熱門職技訓練, 當地當日事求人資訊, 以及各行政區上一季民間各行各業之待遇統計分析報告.
--第七十八條-- 總統, 副總統, 與各級行政首長候選人必須通過選舉法所規定收費, 由職院執行之候選人職務相關知識測試, 由國防部執行之背景安全調查, 與由衛生署執行之身體健康檢查.

第八章 品院 – 依情, 合法獎懲公務員

--第七十九條-- 公務員考核權, 屬於品院.
--第八十條-- 品院主理員工稱為品官, 由合格備用公務員依序補足, 自就職日起, 每年一次由所在地之職官, 審閱該品官之考核記錄並抽驗至少五件該品官經手的變更案之正確率, 依品官資格規定, 不合格者, 提交所在地之地方法院, 由法官判決去留之.
--第八十一條-- 品官, 只須依照公務員獎懲法, 不受任何干涉, 獨立行使其職權.
--第八十二條-- 公務員待遇, 由品院給付. 公務員待遇, 分五年由本憲法公告年為第

一年之待遇調整至目標待遇, 於第六年開始依照 "官版廉能管理制", 給付之. 第二年開始調整第一年待遇與目標待遇差額的五分之一. 第三年開始調整第二年待遇與目標待遇差額的四分之一. 第四年開始調整第三年待遇與目標待遇差額的三分之一. 第五年開始調整第四年待遇與目標待遇差額的二分之一. 041

--第八十三條-- 公務員考核, 包括相對產量, 正確率, 出勤率, 與滿意率. 滿意率, 由網路評分累計之, 每年結算一次. 前線公務員與不管部部長接受相關行政區內的國民記名網路評分, 其他公務員同時接受其直轄下屬的記名網路評分.

--第八十四條-- 推薦公務員義舉或檢舉公務員不法言行由當事人或當事人之法定代理人向品院提出詳述事件要點之公務員獎懲申請案. 品院在收件後五個工作天以內告知被推薦或檢舉之公務員, 被推薦或檢舉之公務員在收到品院告知後, 於十個工作天以內提出答覆或答辯. 品官依照申請案時序, 依情, 合法獎懲公務員, 不得拖延. 品官判決為不判時, 該申請案移交法院審理. 涉案雙方不服品官判決時, 得向法院上訴. 公務員獎懲申請案在品官判決前, 不得公開談論之, 違者, 依法懲罰.

第九章 地方自治 – 自己管自己

--第八十五條-- 地方制度, 採取都府縣, 市鎮區之二級制. 都即首都, 府即大城, 縣為既定, 市為中城, 鎮為小城, 區為縣內, 市鎮以外之各別行政區.

--第八十六條-- 地方公共團體機構, 由地方首長, 行政長官, 以及地方議會, 構成之.

--第八十七條-- 地方公共團體之地方首長, 須由地方居民直接選舉之. 地方行政長官, 由地方首長任命地方議員中在地方議會可獲得過半數同意者, 為之. 地方議會由地方公務員, 依照地方自治法, 構成之.

--第八十八條-- 地方公共團體, 有管理其財產, 以及執行其行政之權限; 並得依法制定條例.

--第八十九條-- 都府縣的地方首長, 指揮, 監督地方之民兵組織. 都府縣的民兵組織, 經國會決議, 得編入國軍.

--第九十條-- 地方公共團體, 有關其組織, 以及運作事項, 依照本憲法地方自治的宗旨, 以法律規定之.

第十章 修改

--第九十一條-- 憲法修改, 以公投為之. 憲法修改公投, 以超過投票總數的三分之二者, 為通過. 但其提案, 由具有選舉權者取得全國具有選舉權者百分之三以上的同意簽署, 或由國會以議員總數三分之二以上的同意, 為之.

台灣國憲法制定手續草案

--第一條-- 台灣國臨時政府, 在台灣國成立一年以內, 須召集制定憲法草案之國民會議.

--第二條-- 制憲國民會議, 除了制定憲法以外, 不得從事其他事項.

--第三條-- 制憲國民會議, 由依法根據具有選舉權者人口平均畫定三大選區, 各大選區又畫定的二十小選區中; 每個小選區按以下比例規定, 產生兩名議員, 共一百二十名議員, 構成之. 制憲國會議員比例規定, 在大選區的四十名議員必須按照該大選區, 具有選舉權者之性別和年齡比例分佈. 年齡, 按該大選區總人數分為四段, 每個年齡段產生十名議員; 以各選區較高職等之公務員優先任用之; 同職等時, 由公務員互選. 制憲國民會議議員出缺時, 除非憲法已經通過, 必須於一個月內補足.

--第四條-- 制憲國民會議議長, 副議長, 由制憲國民會議議員互選之; 各以得出席議員的過半數票數, 為當選.

--第五條-- 制憲國民會議, 非得其議員總數之過半數出席時, 不得議事, 且不得表決之.

--第六條-- 制憲國民會議的表決, 除了憲法草案表決以外, 以得出席議員的過半數票數, 為通過. 憲法草案, 以得制憲國民會議出席議員三分之二以上的贊成票數, 為通過.

--第七條-- 制憲國民會議所通過的憲法草案, 須於九十日以內交付全國公投; 此項全國公投, 以得投票總數的過半數贊成票, 為通過. 憲法草案於全國公投通過, 立刻公佈成為台灣國憲法.

--第八條-- 台灣國憲法公佈以後, 制憲國民會議代理國會十個月. 台灣國臨時政府, 在一個月以內成立品院, 二個月以內成立職院. 代理國會在第三個月第一天公佈臨時選舉法. 職院, 在成立後一個月以內成立免費自習與模擬測試, 二個月以內主持收費的備用公務員資格鑑定考試; 所有現任公務員, 必須在鑑定考試開始實施六個月以內, 參加考試; 決定升降, 維持原職, 或提前退休. 國會在台灣國憲法公佈以後第十一個月第一天, 依照憲法成立. 代理國會, 同時解散, 各歸原公職. 台灣國臨時政府, 依照臨時選舉法, 同時完成總統, 副總統, 以及各級地方首長選舉. 總統, 副總統, 以及各級地方首長在台灣國憲法公佈以後, 第二年第一天就任. 台灣國臨時政府, 同時解散. 總統, 在就任以後一個月以內, 提出內閣首席部長人選.

--第九條-- 制憲國民會議, 在一年以內無法通過憲法草案, 或其通過的憲法草案交付憲法公投不通過時, 須解散之; 重新依照本手續草案第三條, 在一個月以內, 組成全新的制憲國民會議.

附錄:4. 廉能管理制: 簡單明白

這是一個簡單明白的制度, 提供給 21 世紀的人民共同參考, 試用, 再加以改善.

民間版的廉能管理制

第一, 至少必須建立“實用級”的各階職務自習免費網站, 讓有心為公司做更多服務的人可以自修, 通過考試和審核, 成為更高職位的備取人員.

第二, 每一個基層員工的待遇為該地類似工作的平均待遇. 每一個管理級的職位, 其待遇為其所有直轄人員 (原則上不超過 12 人) 的平均值.

第三, 凡可解釋公司作業規則的管理人員, 必須對轄區的工作人員公開小家庭的收入明細. 各分公司總經理必須對分公司的員工公開就職日與離職日的資產明細.

這就是民間版的廉能管理制.

公職版的廉能管理制更明確規定兩點:
第四, 各級首長就職日的資產不得多於居住地平均資產的兩倍, 也就是先把超過兩倍的資產捐給政府才能就任. 因為如此做更能夠與人民同甘共苦.
第五, 最低階管理員是應變的緩衝點, 必須給予 5%到 10%的額外應變補貼, 視每月應變程度而異. 並且鼓勵相關員工考取備用資格, 必要時得以輪替.

** 介紹完畢，敬請指教。**

水氣文化 11-12-06

044

東方的古民智偏向人文和心理而西方的古民智偏向科學和身體. 可是偏向身體的西方古人卻拒絕面對身體的健康關鍵, 那就是氣的循環. 促氣循環是東方文化最常見的健身方法. 那個健身方法叫做氣功瑜珈. 而偏向心理的東方古人卻拒絕面對心理的健康關鍵, 那就是寧爲雞首的天性. 肯定個人是西方文化最常見的健心方法. 那個健心方法叫做小我期許. 墨子, 孟子, 和王陽明的自我期許, 目標都太大了.

東方文化的佛教禪宗道家儒學四種哲學並行卻只有一種信仰: 互助, 我稱之爲水的文化. 西方文化的神權資本個人民主法治強國六種主義並行, 我稱之爲氣的文化. 氣向高處升, 爭取個體活動空間, 而以神權爲上限. 水往低處流, 在最低點互相依靠, 而以佛教爲下限. 水的文化力求穩定而氣的文化力求發展. 東方文化和西方文化在 20 世紀展開大規模交流, 至今百餘年過去, 只見西風帶入衣住行食和政治科武而東風只吹送了瑜珈. 好像西風大勝東風. 中華文化在大陸還差點斷送在 1966 年的文革中. 但是水文化的優點終於造就了新加坡的法治典範, 台灣的民主興旺, 大陸的經濟起飛, 韓國的聯合國祕書長, 日本的科技民生, 和印度的穩定社會.

請參考下圖:

氣文化　基督教 --- 天主教　　　回教 --- 猶太教　火文化
希臘諸神　　　拜火教
印度教
瑜珈修行者
水文化　儒學 -- 道家 -- 禪宗 -- 佛教
人道
全球文化

印度教立足於佛教與儒學之正三角形頂點, 是東方水文化裡頭最接近西方文化的一種文化. 印度教徒追求梵人合一, 梵是造物神, 也就是西方文化的上帝. 印度教相信吠陀經典. 印度的吠陀文化和中國的儒學都是各相關民族的生活寶典. 吠陀經典裡頭的奧義書則是瑜珈寶典. 瑜珈修行者和道家都追求天人合一, 那個天卻不是神, 而是宇宙. 瑜珈修行者只靠自己(和奧義書或老師)然而道家靠自己也依賴外物. 道家立足於儒學與禪宗之間, 跳出俗務卻執著於肉身長保青春. 瑜珈修行者立足於禪宗與道家之正三角形頂點, 位於印佛儒正三角形的中心. 印度教和基督教位於各自搭配希臘諸神與天主教之正三角形的兩個相逆頂點. 印度教又和猶太教位於各自搭配拜火教與回教之正三角形的兩個相逆頂點. 印度教更同時立足於天主教與回教, 希臘諸神與儒學, 拜火教與佛教之虛設正三角形頂點. 因此印度教是全球文化的轉接站. 發展中的全球文化與印度教位於各自搭配佛教與儒學之正三角形的兩個相逆頂點. 在全佛儒正三角形的中心則是人道.

A2-6-1

回教大約立足於拜火教和天主教之間, 與善惡分明的拜火教和上帝選民的猶太教共同屬於火的文化. 火文化是比氣文化單純的文化, 只有神權互助兩種信仰. 因爲比較單純, 所以雖然水火難容, 我認爲回教比天主教更爲容易透過印度教和全球文化相通. 那些已經建立六種主義的氣文化, 需要較長的時間去接受以人道爲主的全球文化. 但是火文化裡頭比較頑強的猶太教則需要最長的時間去接受以人道爲主的全球文化. 今天不談善惡分明, 追求公義的火文化. 只談把善惡(公義)和人情相混的水文化和氣文化.

東方文明是在健康的身體上追求穩定的心理, 只有互助一種信仰. 我們從最極端的, 最穩定的佛教開始談論. 佛陀主張人心所知相異的萬物萬象都因無明而生, 是虛幻的, 不必理會. 悟道以後, 進入涅槃境界, 即知人身等同萬物. 既然人心所知一切相同, 也就完全穩定. 其次是慧能的頓悟教學. 慧能主張人心是唯一的重點. 人可以在任一個當下, 不管身體那個皮相, 但求心意. 心安之處就是永恆. 既然不管身體老病殘亡, 應當可以有九成穩定. 再其次是老子的教導, 他要人向水學習. 也就是所謂柔弱生之徒也. 他主張明哲保身, 不爭第一, 不強出頭. 這種人也可以有八成穩定. 最後是孔子教人忠恕之理, 己所不欲勿施於人. 儒學的力行者至少可以有七成穩定的日子. 假若日子安安穩穩的過, 會不會太無聊呢? 這些水文化的哲人當然指定了功課: 普渡眾生, 自食其力, 爲道日損, 和立人達人. 此外各門徒也各自給自己排滿了健身工作: 冥想瑜珈, 禪定打坐, 吐納練氣, 和射御之術. 這些水文化的實行者, 不吃山珍海味, 身體卻十分健康. 這健康就是東方文明的隱藏資產. 卻也因爲有了這豐富的資產, 東方文明不強調 “發展”. 然而人的個性, 天生不同. 寧爲雞首的天性在新生兒之間總占不少比例. 適度引進 “肯定個人” 而 “期許小我” 的西方文化正可以讓寧爲雞首的人也有適合天性的生活環境.

西方文明的神權資本個人民主法治強國六種主義並行已久. 雖然氣的文化力求發展, 發展卻難免競爭. 資本, 個人, 民主, 和強國四種主義原就帶有濃厚的競爭色彩. 強國主義幾乎就是競爭主義. 資本主義和個人主義競爭和互助各半. 民主主義原本以互助爲主, 電視和廣告結合以後, 逐漸走入財力競爭的局勢, 直到網路普及, 財力競爭的攻勢才緩和一些. 法治主義也隨後受到財力競爭的影響. 只有神權主義沒有太多變化.

工業革命以後西方文化發展出來的成果非常可觀. 電話電視電腦三電時代剛剛成熟, 又匆匆忙忙帶頭衝進網路資訊, 基因工程, 和奈米科技. 這些成果讓人們生活舒適, 但是, 由這些成果的另一方面來看, 是多數人的自由萎縮了. 其一, 多數人已經沒有一家人獨立生活的機會. 因爲人活得太老, 人口增加, 家庭縮小, 一家人可以分到的土地太少. 其二, 多數人已經沒有只做半天工作的自由, 因爲房租太貴. 其三, 多數人已經沒有偶而奢侈一次的自由, 因爲貧富差距年復一年只增不減. 偶而奢侈一次的自由已經完全輸給無法確保溫飽的局勢.

聰明人和有錢人掌權的現代政府, 憑藉科技的威力把更高比例的平凡人推入生活困境裡面. 今日的民間生活困境就好像夏桀, 商紂, 東周末年, 和大清慈禧太后各時代的民間生活困境, 正等待人民把政府推翻. 您說是不是啊?

我認為《科學文明》是和《人造工具》相關的歷史事件以及現在（的物質與能量）事實；而《命運記錄》是和《人緣事緣》相關的歷史事件和現在（的物質與能量）事實。在科學文明和命運記錄之間有一些不容易用語言和邏輯，或其他人造科學工具解釋卻又隱含道理的歷史事件，我把它們稱為《中間文化》。中間文化至少包括中醫，西愛，和中西皆有的哲學，星象，算命這些接近科學的《超科學文明》以及像心理學，理論經濟學，理論政治學，宗教（註一）和靈媒... 等等比超科學文明更不容易掌握的《近命運記錄》。我們把所有已知的歷史事件和現在事實叫做《知識》。雖然知識只是所有已知和未知的《歷史事件以及現在事實》裡頭的非常非常微小部分，但是由於電腦在 50 年前突飛猛進，造成知識在第 20 世紀大爆炸；所以自從 1950 年以後，就再也沒有人能夠通曉所有的科學知識。

那麼，《常識》是否也沒有人能夠通曉呢？當然不是。學校必須在小學六年教完《生活常識》並且在初中三年教完《職業常識》。高中或高職則是進入社會或繼續深造的實習階段。在學校，人們以學習科學文明為主，命運記錄為輔。一般而言，中小學不介入《中間文化》，然而，中間文化，尤其是超科學文明，卻是人們通往未知世界的橋樑。我們來看看兩個超科學文明；中醫和西愛。

中醫以氣血循環理論為基礎，以針灸和中藥為主力；用問診找目標，面診找方向，再由把脈確定病情。手指不夠敏感，記憶不夠精確，或思路不夠靈活的人固然學不會中醫和中藥系統，不相信氣循環的西醫師生也不會去學。所以精通中醫和中藥的人一向不多。但是，人沒有氣是動不了的；注重氣循環的中醫可以引用西醫的知識和器材，利用電腦協助分析病情，提高中醫診斷正確率和中藥療效。另一方面，科學西醫卻拒絕中醫理論。總有一天《新中醫》的成就會超越科學西醫。人是動物，所以練氣功能增進身體健康。如果不相信氣功，那就《活動筋骨》；無聊的時候，把比較緊的筋拉一拉，自然有益氣的循環，同時可以增加身體的活動範圍。

那麼，如果沒有無聊的時候呢？換句話說，如果醒著的時候，有做不完的有趣事兒；那不就沒有時間《活動筋骨》？這其實和另外一種中間文化相關，那就是西愛。西方文化最可愛的地方就是這個：真心喜愛這一生的每一個清醒時刻。我把這個文化稱為《西愛》，將它和中醫列為最主要的兩個《超科學文明》。你說，《真心喜愛這一生的每一個清醒時刻》難道不是非常合理的人生安排？合乎邏輯的就可以是一種文明。這個《西愛》由歐洲傳到北美洲，再由美國傳到中國；取其主題就是《生欲》，給自己找一些想要做的事。做事總會碰上必須等待的時候，那就是《活筋》的時候。所以《生欲活筋》就把每一個清醒時刻給填滿了。

（註一）我認為《宗教》雖然是自己的選擇，卻也是《佛渡有緣人》。另一方面，要相信耶穌是通往天堂唯一的道路，也不光是《選擇》就能《相信》；總是《有緣》。所以我認為宗教的歷史和現況，應當算是命運記錄之一。當然，這只是我的想法。

我的檔案 編輯 我的朋友 通知 (0) 尋找 / 邀請朋友 我的帳戶 登出 [jh17710]

jh17710 喜歡 而且是很喜歡《風之畫頁》這一部連續劇。不知道臺灣的連續劇有沒有這般細緻的？香港的連續劇比較活潑。日本的呢，有些深度，也有些細緻，像《篤姬》；可是沒有《風之畫頁》這麼完整。說到細緻，《謝謝》和《風之畫頁》也有得拼的。我想《大長今》是韓劇的一個里程碑，我太太對它就是百看不厭。

刪除 - 編輯 - 喜歡

jh17710 想要 介紹光速-5. 雖然光速只有 ...

前週鳥 ...

jh17710 想要 介紹光速-4. 是啊，

最近的 plurk 回應：

尚無回應 - 來搶第一個吧 :)

jh17710 想要 介紹光速-6. 想像力比視力 ...

您的 plurk 回應：

昨天 10pm 9pm 8am 4am 三月 31 11pm 10pm 三月 30 9pm 8pm 8am

所有的 plurk | 我的Plurk | 私人的 | 回應過的 | 喜歡的

Plurk 每日照片 搜尋 連結

jh17710 喜歡 相當喜歡《大長今》。主要是古代醫學的部分，太迷人了。把針灸演得那麼逼真，將醫療說得那麼仔細，加上食療以及食藝；真是值得代代相傳的一部連續劇。

私密 plurk、語系與選項

今天的言行
造就明天的我

醬黃
John Huang

John Huang
60 歲, 男性
Redmond, WA, United States

統計

Karma: 45.15

如何提高 karma？

檔案檢視次數: 25
朋友邀請數: 0

Plurks: 74
回應數: 9

加入日期: 8 Mar
上次登入: 03 Ap

如何獲得徽章？

朋友

列出全部朋友 (1)

邀請或尋找您在Plurk上的朋友

Search for your friends

Redmond

新加入或想更了解噗浪世界嗎？歡迎拜訪非官方的放浪人生導覽須知, Plurk之非官方新手入門手冊和什麼是Plurk「噗浪」？

粉絲

列出全部粉絲 (0)

目前沒有粉絲。

粉絲是追蹤您的時間軸，但不在您朋友之列的人。

分享您的 plurk 頁面：

http://www.plurk.com/jh17710/invite

語言：中文 (繁體)

 新手上路 Plurk 搜尋 人物搜尋 API 常見問答 聯絡我們 簡介 部落格 徵才 條款 隱私權政策

A3-1-01

善惡相對論

台灣文化問題

目錄

7-1. 不爭的事實
7-2. 事在人為
7-3. 年輕人

定義

公義是有益群居的言行或意向. 善以守法為中心, 而惡以失職為中心.

1.不義範圍 (惡也)

侵犯他人就不合公義, 所以不侵犯他人是最起碼的公義底線. 越過公義底線就是不義範圍.

1-1. 無心過失
剛越過公義底線是無心犯下的小過失, 好比無意間對他人造成不便或者小損傷, 那是最輕微的不義. 越大的無心過失, 自然加重不義的程度. 過失大到"無心失手殺人" 就已經接近不義中心.

1-2. 不義中心
剛到達不義中心, 是瘋狂殺人; 那是出乎下意識, 完全失控的行為, 是失心之惡.
1-2-1. 失職殺人
在不義中心是失職殺人; 只是未盡職責, 卻不幸有人因此意外死亡, 是失職之惡.
1-2-2. 眼高手低
所謂未盡職責包括許多眼高手低, 強佔職位, 不稱職的小人. 不稱職小人正是各大歷史人禍的主犯. 不稱職的公務員為害更烈; 職位越高, 為禍越大.
1-2-3. 無能治國
例如毛澤東的土法煉鋼和人民公社就是一個有能力開國, 卻無能力治國的明顯範例. 他也許想把國家治好, 可是他只懂得如何打敗別人, 不懂得如何幫助別人, 那太難了.
1-2-4. 不肯讓位
毛澤東老年不肯讓位, 終於逼出文化大革命, 使他墮落為有史以來, 殘害最多本國人民的邪惡領袖. 毛澤東的惡雖然不是至惡, 但是他的惡, 影響所及最廣, 受害人數最多.
1-2-5. 失控之惡
比失職之惡更加不義, 就是失控之惡. 失控之惡即將離開不義中心, 是酒醉或吸毒, 已經失常卻仍然駕車, 意外殺人.

1-3. 存心為惡
離開不義中心就進入"沒有藉口的惡". 那是"難防的偽君子" 或"易防的真小人" 做出的強烈不義範圍. 由存心犯下的小過為小惡, 然後中過為中惡, 加強到大過的大惡, 以至於存心犯下巨過的至惡.

2. 公義範圍 (善也)

A3-1-02

失職是不義中心, 而守法則是公義中心. 不守法然而並不妨礙他人的言行, 仍然是善; 但是不如協助他人之善. 有益他人是最起碼的道德, 無益他人就是不道德; 但是, 只要不害他人, 仍屬公義.

2-1. 法律
法律正好是道德與不道德的界線. 由於人類的本能和天性都隨著文化和環境而改變, 所以各朝代和各地方的法律都不太一樣. 法律分割強善和弱善, 自然分不清楚, 有時需要法官才能根據可知事實與法律條款去鑑定. 自衛殺人就常常沒有人證.

3. 否極泰來
根據易經理論"否極泰來", 由至惡繼續走向極端, 就應該見到善. 我認為按照古老中國文化, 還不只是見到善, 而且是見到至善. 在中國歷史裡頭, 有不少大義滅親的故事; 那大義是至善, 而滅親是至惡, 所以一個"大義滅親" 的行動就同時做了至善和至惡兩件事. 我認為在古老中國文化裡頭, 至惡和至善確實相接.

3-1.善惡分明
把至善放置頂端, 把至惡擺在底層, 則是西方善惡分明的文化. 在西方社會, 即使為了拯救全城上千人命, 也不應該滅親. 如果遇到公私衝突, 那麼是否要成仁取義只能由當事人自己決定; 其他家人依法可以不必配合政府的追捕和起訴作業, 甚至可以助逃. 當然, 做偽證仍然是犯罪行為.

3-2.台灣文化
西方和東方對於善惡的看法在經過二十世紀文化交流以後, 而今已經相當一致. 年輕一代的台灣人, 大多已經明白並且同意善惡分明的西方文化. 雖然明白並且同意一個文化並不一定能夠和那個文化真正公平共存, 但是, 在 1861 年 4 月 12 日到 1865 年 4 月 9 日的南北戰爭, 美國已經替全球人類踏出了文化融合的第一步: 黑白文化融合. 由 1895 年 4 月 17 日的馬關條約到 2010 年的今天, 台灣更神奇的把東西文化兼容並蓄在一個小島上面. 全球人類文化融合的大工程"東西文化融合", 可望在台灣有所進展. 以下讓我簡單介紹今日台灣文化.

4. 亙古浩劫

我是一個相信"否極泰來" 的台灣老人. 在這一章裡頭, 我要以公環的理論來說明今日台灣文化的六個少數派系和一個主流派系. 在這一章以後, 我要分別提出 2009 年台灣人應該面對然後設法解決的五個文化問題.

4-1. 善惡公環
我先用"大義滅親" 把至善和至惡這兩個端點合起來, 然後畫出 12 點的善惡公環.

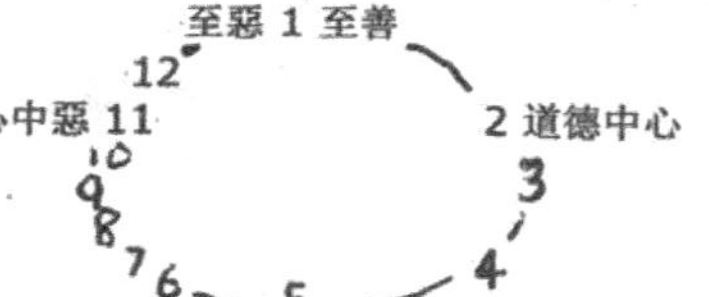

049

A3-1-03

10
不義中心 (失職) 9　　　3 公義中心 (守法)
8
無心中惡 7　　　4 民生中心
6
無惡 5 無善

由頂點的第 1 點到底點的第 5 點分別代表至善, 道德中心, 公義中心, 民生中心, 和公義底線; 是由強而弱的"公義". 公義中心是道德的底線, 同時也是法律的依據. 由第 6 點到第 12 點分別代表無心的小過, 中過, 大過, 不義中心 (失心, 失職, 失控), 以及存心的小過, 中過, 大過; 是由弱漸強的"不義". 善惡公環簡稱"公環". 這公環的右半環是善半環, 左半環是惡半環. 由上而下是由強烈的善惡到微弱的善惡.

4-2. 私心與意圈
私情人人不同. 但是不外兩個主要成份, 就是飽暖與淫慾的"本能" 以及好奇與愛美的"天性". 那兩個成份就是民生與傳宗的"求生慾" 以及科技與藝術的"原動力". 我把本能和天性, 簡稱本性; 而自己的本性就叫自性. 公環是把自己對他人的言行或意向分別善惡, 所以, 沒有他人的獨處自性就可以用公環中心去代表; 而這個私情中心就是出生時善惡混合的私心.

人人出生時本性不同, 有人自小了解自己, 有人至死不能明白自己的本性. 這除了"經一事長一智" 的人事緣分以外, 還有自己的努力, 禪定就是方法之一. 除了天生智障, 在腦袋開始工作以後, 管理五官功能的左腦, 開始分析, 決定儲存右腦的資訊, 而右腦則管理想像與預感, 並且依據資訊做成或大或小的決定.

意志是個人的公私平衡點, 那是公義與私情在自己腦袋裡頭談判的結果; 所以意志可以用私心與公環之間的點來代表, 公環的內部就是意志天下, 我把它稱為"意圓". 這意圓裡面的"意點" 靠近哪一個公環上的數字, 那個意點就傾向於該數字所代表的強弱善惡.

4-3. 群居
生物繁殖由"一分為二" 的分裂生殖進步為透過種子或卵子的快速生殖, 然後又為了對抗多變的生存環境而發展出群居的有性生殖. 經過雙親基因的任意重組, 產生各自略微差異的後代. 如此可以讓後代具有比較多樣的生存本能. 當然, 兩性生殖非常依賴群居生活; 而群居生活, 卻必定有公與私的衝突. 人類是全球萬物之靈, 然而公與私的衝突在工業革命以後卻是逐年變本加厲, 終於從隱藏的汙染, 核武, 能源等等問題, 發展成了大家眼前活生生的失業問題.

4-4. 人類的根
住在同一屋簷下, 室內室外的打掃, 衣物換洗, 三餐料理, 乃至飯後收拾都需要時間. 然而, 一個人的時間十分有限; 多做一些公務就少顧一些私情. 公與私的衝突讓人們每天面對許多選擇. 如果是獨居, 家務分攤不成問題; 但是, 小孩子是無法獨自居住的. 每個人都知道小孩子是人類生活的指望. 小孩好比是人類的根. 沒有根, 人類也不必活了.

050

4-5. 亙古浩劫
因為小孩, 人們增加許多"公務或私情" 的責任. 最明顯的是有了小孩, 首要公務就一定是收入. 在依賴兩份薪水的 2010 年, 失業問題迫使適婚年齡的人們晚婚或拒婚. 請所有台灣人民仔細想想, 這可是人類有史以來最大的劫數啊! 在這個亙古浩劫中, 台灣年輕人要如何應變, 如何自處呢?
4-5-1. 了解環境
我認為台灣年輕人不妨先了解一些身邊各式各樣的文化, 不要"泥鰍尋舊穴" 只在眼前所知的有限途徑, 輕易選了一條就上路. 要多知道一些其他可行的途徑.
4-5-2. 了解自己
然後再研究自己本能的偏好與強弱 (個性) 以及天性的特徵與能力 (才華), 了解自己的個性與才華以後, 根據自己的本性去對照今日各種文化, 看看自己適合哪一個類型. 這樣才好確定自己的意志所向. 知道自己總是比知道別人容易一些. 明白自性, 也就明白究竟自己的公私平衡點原來在不知不覺中已經由私心轉移到意圓上的哪一個位置. 台灣人民在已經大致東西合併的文化中至少有以下七大類型可以參考.

5. 台灣文化 (七派系簡介)

文化分類有很多方式, 我的分法只是為了配合公環, 私心, 和意圓的概念, 隨意歸納. 如果看官有改善意見, 不妨告知出版商; 以求再版更進一步.

5-1. 遠離善惡派
遠離各種或強或弱的善和惡.

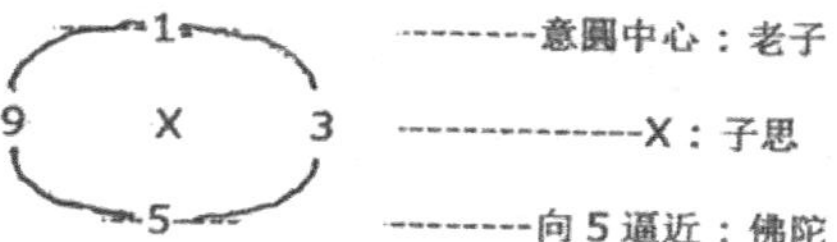

5-1-1. 老子
老子主張意點就放在私心. 他說只要人們守住獨處自性, 心中沒有喜惡之別, 一切順其自然; 既不要加強自己生就的"本能和天性" 也不要減弱"本性", 那麼政府自然可以無為而治.
5-1-2. 子思
子思認為公私平衡點是在私心附近. 主張人們心中的公私之別要折衷處理, 以和為貴, 依雙方爭執的中點, 和解共生.
5-1-3. 佛陀釋迦牟尼
佛陀主張意點宜向無善無惡的交會處逼近. 他認為雙方爭執的成就, 名利, 或情愛都只是過眼雲煙. 如果覺悟這些事物的本質都可以視為虛幻, 那麼一個人就一了百了, 全無煩惱. 佛陀主張一個人要進入無善無惡的無念頭境界.

可是, 人只要活著就有念頭. 我們可以說就算是追求無善無惡的無欲境界, 這個追求本身也是一個念頭，一個欲望. 所以說只是向無善無惡的交會處逼近，雖然做不到無欲，卻可以力求寡欲. 然而力求寡欲對於本性慾望強烈的人來說，卻是泯滅天性的事..

5-2. 獨善其身派
關注身體健康，擺脫身體束縛，看輕公義.

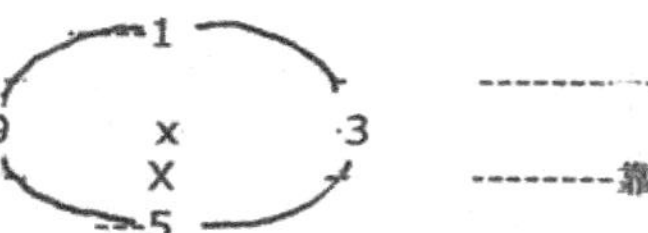

---------xX：道家

--------靠近 5：瑜伽師

5-2-1. 道家
道家主張意點宜在私心與無善無惡交點之間，不要太靠近公環. 道家練氣和煉丹，用來保持個人的青春活力. 中醫脈診，針灸，以及中藥運用都是和道家練氣與煉丹相關的成就.
5-2-2. 瑜伽師
瑜伽師主張意點要停留在靠近無善無惡交點的地區，不必逼近 5. 瑜伽師鍛煉意志力，以擺脫身體束縛.

5-3. 面對事實派
面對事實，重視公義. 因為事實上人類是群居動物. 在現實生活中，人們必須重視公義.

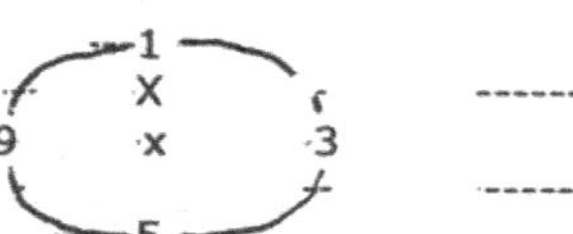

--------- ·xX：孔子

---------靠近 1：孟子

5-3-1. 孔子
孔子主張意點該在意圓中心與至善至惡交點之間，不要太靠近公環. 孔子以忠恕為基本方法，主張與事實妥協. 在他的時代也就是與君王妥協.
5-3-2. 孟子
孟子把公私平衡點放在靠近至善至惡交點的地區. 孟子把見義勇為當作標準，主張不與事實妥協. 他主張為了公義可以犧牲自己的生命，而且每個人都應當成仁取義.

5-4. 積極人生派
孟子的見義勇為是被動的，先有見義，方才勇為. 不見不義，就沒有特別的動作. 積極人生派則主動追求心環上的點，在每天的生活裡頭，積極活動.

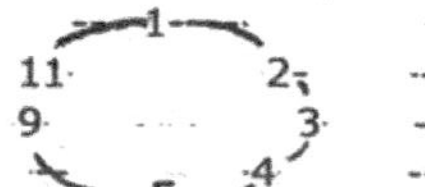

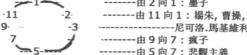

--------向 1 逼近：耶穌
----------向 2 逼近：樂觀主義
---------向 3 逼近：法家
---------向 4 逼近：回教徒和社會主義
-------------5---------------------向 11 逼近：斯巴達主義

5-4-1. 耶穌基督
耶穌基督主張意點要向至善至惡的交會處逼近. 耶穌基督以主動去愛他人為方法，包括去愛自己的敵人. 對於天生慾望清淡的人，自己都懶得加意優待自己，這愛別人就是一個不可能的任務.

而且，我認為愛自己的敵人是任何一個正常人都做不到的事. 一個正常人遇到敵人只有或戰或跑或和三途. 不論文戰或武戰都不是愛敵人，也不可能邊跑邊愛敵人；而和有三種，戰敗不死之和，大多有恨沒愛，最善良的人也只有感激，不能有愛；戰勝不殺或化敵為友之和，就算有愛，所愛的人已經不算敵人. 只有瘋子會愛敵人，然而，失心的人只有下意識的行為，當不得真. 我想，不恨敵人已經可以稱善了.
5-4-2. 樂觀主義
樂觀主義把公私平衡點向道德中心逼近. 他們不求完美，只求盡一己之力.
5-4-3. 法家
法家把公私平衡點向公義中心逼近. 他們以法律為依歸，努力護法.
5-4-4. 回教徒和社會主義
回教徒和社會主義把公私平衡點向民生中心逼近. 他們主張人人有飯吃，合作互助，努力維持民生.
5-4-5. 斯巴達主義
斯巴達主義把意點向公環第 11 點，中惡，逼近. 他們主張努力強種，不給任何弱者機會，也不和他族妥協.

5-5. 極端人生派
極端人生派把自己的一生全部忘了，或者把他人的一生全部忘了.

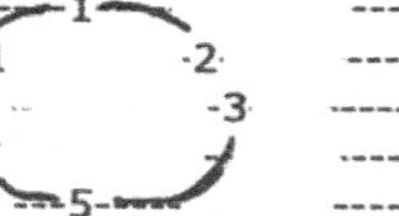

-------由 2 向 1：墨子
-------由 11 向 1：楊朱，曹操，李宗吾
-----------------尼可洛.馬基維利
--------由 9 向 7：瘋子
--------由 5 向 7：悲觀主義

5-5-1. 墨子
墨子把公私的平衡點，放在公環上，由道德中心向至善推進. 墨子主張用盡一己之力協助弱者對抗強者.
5-5-2. 楊朱，曹操，尼可洛.馬基維利 (帝王論)，李宗吾 (厚黑學)
這些人把公私的平衡點，放在公環上，由中惡向至惡推進. 他們介紹"寧願我負天下人，不得有一人負我"的現實做法.
5-5-3. 瘋子
瘋子的行為"好比"把公私的平衡點，放在公環上，由不義中心向"無心中過"推進. 瘋子把自己全部忘了；必須依賴他人照料，才能維持生命.
5-5-4. 悲觀主義
悲觀主義把公私的平衡點，放在公環上，由無惡向"無心中過"推進. 悲觀主義把自己

A3-1-05

和別人都快要全部給忘了.

5-6. 踏實人生派

踏實人生派尊崇歷史中有情重義的榜樣, 相信有為者亦若是; 雖然堅持, 卻不急進.

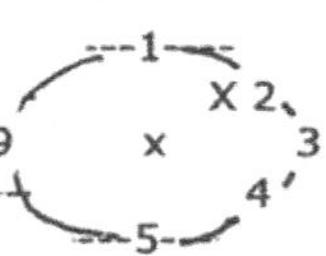

-12345 善半圓：民間信仰

------------xX：禪宗

--------------X：双悟

5-6-1. 民間信仰

民間信仰的公私平衡點在意圓的善半圓. 民間信仰尊崇歷史中有情重義的榜樣, 相信自己的祖先最關懷自己, 疼惜自己.

5-6-2. 禪宗

禪宗主張意點可以放在私心與道德中心之間, 不要太靠近公環. 禪宗要人們徹底覺悟身體只是一付臭皮囊, 這樣比較容易接觸自己的心理, 進而明白自性. 所謂 "自性即佛" 就是說 "能明白本性, 就是覺悟者" .

5-6-3. 双悟

双悟主張意點停留在靠近道德中心的地區. 双悟要人們明白自性以後再悟一個自己一生最想做的事, 善用業餘時間逐步做下去. 所謂 《相由心生》 就是說 《享受工作的人最美麗》 .

srang^u\ druvdrang^ i\dienv ting/lyou/dsai\ kau\dsin\ dau\de"/ drong^sin^ de"< di\tsu"^. Srang^u\ yau\rn/mn< ming/bai/ds\sing\ ivhou\ dsai\u\i^ge"< ds\dsivi^srng^ dswei\syangvdswo\de"< sr\, sran\yong\ ye\u"/sr/dsyen^ dru/bu\ dswo\sya\tsu"\. swovwei\ 《siang\you/sin^srng^》 dsiou\sr\srwo^ 《siangvsrou\gong^dswo\ de"< rn/ dswei\meivli\》.

Awakening-Twice means people should find themselves through "Chan" first, then find a goal and try to accomplish it by using their time properly after work. Some people believe that beauty is a person enjoying work.

e"we^ke"ni*ng twais minz pipl shud faind d*emselfz d*ru <chan>, d*en faind e" goul nd trai tu* e"kam^pli*sh i*t bai yusing d*er taim pra^pe"rli' a"fte"r we"rk. Sa*m pipl bi*li\v d*a"t biuti* i*z e" pe"rsn I*njoii*ng we"rk.

ㄙㄧㄤ<ㄍ" ㄛ< ㄗㄨ^ㄉㄧㄨㄣ" < ㄧ\ㄉㄧㄚㄇ\ ㄊㄧㄥ<ㄌㄧㄨ v-ㄗㄞ v ㄎㄜ\ㄍㄧㄣ v ㄉㄜ v ㄉㄧㄝ ㄍ< ㄉㄧㄛㄥ<ㄙㄧㄇ^ ㄝ< ㄉㄝ v ㄎㄨ^. ㄙㄧㄤ<ㄍ" ㄛ< ㄞ\ㄌㄢ^ ㄇㄨㄧㄣ" ^ㄗㄧㄉ v ㄝ<ㄌㄤ/ ㄇㄧㄥ<ㄅㄧㄝㄏ v ㄗㄨ v ㄙㄧㄥ v ㄧ^ㄠ. ㄍㄝ" ^ㄍ" ㄛ v ㄗㄧ v ㄝ<

ㄍㄚ<ㄉㄧ v ㄧㄍ^ㄙㄧㄥ^ ㄙㄧㄛㄥ v ㄍㄞ\ ㄞ\ㄗㄝ v ㄝ< ㄉㄞ v ㄗㄧ v, ㄙㄧㄝㄣ v ㄧㄛㄥ v ㄍ" ㄧㄚㄅ v ㄍ" ㄨ< ㄙㄧ<ㄍㄢ^ ㄉㄧㄛ^ㄅㄛ< ㄉㄙㄝ" v ㄌㄨㄝ v ㄎㄧ v. ㄨ v ㄌㄤ/ㄍㄛㄥ^ 《ㄙㄧㄛㄥ\ㄧㄨ/ ㄙㄧㄇ^ㄙㄧㄥ^》 ㄉㄝ" v ㄙㄧ v ㄍㄛㄥ^ 《ㄏㄧㄤ^ㄙㄧㄨ v ㄍㄤ<ㄗㄛㄏ< ㄝ< ㄌㄤ/ ㄙㄧㄛㄥ v ㄙㄨㄧ\.》

syang<g"o< dsu^dyun"< i\diam\ ting<lyuv-dsaiv ke"\ginv de"vdye"g< dyong<sim^ e< devku^. Syang<g"o< ai\lan^ mwin"^dsidve<lang/ ming<bie"hv dsuvsingv i^au. ge"^g"ov dsive< ga<div ig^sing^ syongvgai\ ai\dse"v e< daivdsiv, syenvyongv g"yabvg"u< si<gan^ dyo^bo< dse"vlwevkiv. uvlang/gong^ 《siong\yu/ sim^sing^》 de"vsivgong^ 《hiang^siuv gang<dsoh< e< lang/ siongvsui\》

5-7. 多數主流派

這是台灣最多人相信的四個主流文化.

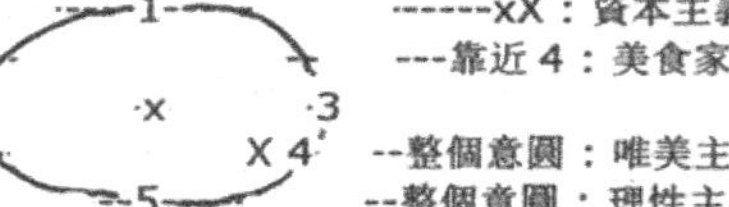

------xX：資本主義

---靠近 4：美食家

--整個意圓：唯美主義 (藝術家)

--整個意圓：理性主義 (科學家)

5-7-1. 資本主義 (企業家, 商人)

資本主義把公私平衡點放在私心與民生中心之間, 不太靠近公環. 資本主義主張賺錢第一.

5-7-2. 享樂主義 (美食家)

美食家主張讓公私平衡點應該停留在靠近民生中心的地區.

5-7-3. 唯美主義 (藝術家)

唯美主義的公私平衡點遍佈意圓. 不論是善人是惡人, 也不論善惡之心是強是弱, 只要感情豐富都是藝術家的可能人選.

5-7-4. 理性主義 (科學家)

理性主義的公私平衡點遍佈意圓. 理性主義主張人人都應該有些科學常識.

6. 台灣文化問題

依照上列那些台灣文化看來, 好像自從有人類以來, 人類本性一直沒變; 只是在歷史記載中, 逐漸浮現出比較具有代表性的 "人物或族群" ; 他們特立的言行, 清楚地顯示某一部分的人性, 讓人們比較容易把人性的每一部分各別了解得更加明白一些而已.

6-1. 隱藏的真相

人性真的一直沒變嗎? 我們來分析一下:

6-1-1. 工業革命

台灣人愛美食, 其他地方的人也愛美食; 好像一切事物都順乎自然的發展著. 隨著人口增長, 民生用品的市場急遽加大, 加上運輸行業的急迫需求, 終於激發了工業革命. 好像有了工業革命也就必然帶來了汙染問題, 核武問題, 和能源問題這個結果.

6-1-2. 電腦革命

當機械取代部分體力工作的時候; 那只是把人們的體能普遍降低, 逼迫人們改做 "偏向用腦" 的工作. 那時候, 工作仍然很多很多. 然而在電腦取代部分腦力工作的 21 世紀, 情況就大不相同了. 由電腦架構起來的自動化世界裡頭, 許多工作都簡化了. 好像將來所有的工作都將簡化已經是必然的結果.

6-1-3. 赤字革命

在 2000 年, 資本主義已經讓老闆們在進行 "裁員" 這個動作的時候, 心情好像吃豆花一般, 輕鬆愉快. 在 2000 年, 民主主義也已經充分削弱了政府的應變能力, 進而幾乎完全麻痺了政府對財政赤字的危機意識. 我把 "裁員制式化" 和 "財務透支化" 合稱 "赤字革命". 由於在 2000 年許多工作已經簡化, 所以到了 2009 年, 人們不失業才是奇怪的事. 好像失業問題是電腦革命與赤字革命以後必然的結果.

6-1-4. 質變

但是, 我卻不認為工業革命引進的三大問題和電腦革命以後發生的失業問題是 "人性不變" 的必然結果. 我認為那是因為台灣人民的天性已經開始產生質變. 也許台灣人民的本能沒有改變, 但是台灣人民愛美與好奇的天性肯定衰退了不少. 自從 2000 年以來, 有不少台灣人的臉皮厚了, 體型差了, 不再好奇, 心兒黑了, 勇氣消逝, 最後連理智都丟失了. 不愛美才會讓臉皮變厚, 體型變差, 心兒變黑, 和勇氣消逝; 不再好奇更慘, 連理智都丟失不顧了. 台灣人民的天性已經開始產生質變, 請看我仔細說來.

6-2. 臉皮厚了: 債務! (公私責任, 不再要人命)

在西方文化裡頭, 誠實比諾言重要. 西方文化認為只要給出諾言的時候一個人是誠實的; 就算日後事態發展不利, 諾言無法實踐, 那個人仍然誠實可靠. 西方文化配合資本主義終於發展出明文規定的 "破產法". 人類自古以來深信的 "欠債還錢, 天經地義" 因此在法律面前失去約束力. 欠債已經可以光明正大的賴掉.

在一百年前, 東方文化還有 "父債子償" 的規矩. 而今, 一人做事一人當, 不再講究連誅九族, 自然比較文明. 可是, 和債務相關的 "高利貸" 反而更加猖獗, 因信用卡債而宣告破產的人, 既然多了, 宣告破產也就不丟臉了.

在 64 年前, 台灣政府還是講究 "君無戲言" 的日本東方體制. 後來美國民主制度傳入台灣, 在 2000 年試用成功; 九年多以來卻已經造成一個 "政見跳票" 的政府. 這些賴債, 破產, 跳票的人就代表台灣人 "有所擔當" 的道德要求降低, 臉皮厚了.

請問, 台灣人要如何恢復政府首長 "不說謊話" 的尊嚴?

6-3. 體型差了: 多吃? (身體過胖, 減低了自信)

古人說 "病從口入", 現在人們吃進肚子的並不只是天然食材. 為了香味和口感, 食材添加的化學物質五花八門; 為了保持新鮮, 防腐劑當然要盡量放到品檢標準邊緣; 為了大量製造, 必須使用控制流程, 增加產能的輔劑; 為了吸引客人, 讓營養成分提高, 工廠給食物又攙入一些不能標示在 "成分表" 的東西, 例如去年三月在中國南京出現而在 2008-7-16 由中國甘肅衛生廳引爆的 "三聚氰胺" 毒奶粉事件.

6-3-1. 多買一些

簡單的說, 食品供應商的目的只有一個, 就是想辦法讓消費者多買一些; 最成功的例子是炸薯條和炸雞塊. 偏偏科學報導不合作, 說油炸食物容易致癌; 讓美食家心裡難免有些疙瘩. 然而, 飯團裡頭不包一段炸油條就少了些口感. 由豆漿, 豆花, 豆腐, 腐竹, 豆乾, 臭豆腐, 到油豆腐; 如果少了油豆腐, 不知要刪除多少知名菜色! 做人不過是食色兩種激賞, 為了享受多少要炸一些食材的. 不是嗎?

可是多買一些, 常常跟著的就是多吃一些. 所以富裕國家的常態之一就是胖子太多. 人們身體過胖, 自由扭轉的程度跟著降低, 許多活動既然無法參加, 也就難免逐漸減低了些許自信.

請問台灣人, 多吃一點化學垃圾真的無妨嗎? 吃多一點, 長胖一點, 無妨嗎?

6-4. 不再好奇: 浪費! (專家妨礙, 理智的深究)

食品科學家告訴人們每一種化學垃圾在食物中的最高安全含量, 包括空氣和水的雜質允許量; 這些數字, 只要確實了解相關的條件, 是有參考價值. 但是, 並非所有專家的理論都有實據. 在這一節, 我提兩個, 在第 6-7 節我再提一個值得懷疑的專家.

6-4-1. 經濟學家

假若可吃的東西都吃到肚子裡, 那麼人類也還對得起天地良心. 然而, 人們因為生產過剩, 運輸成本或經銷費用超過利潤, 不知道毀棄了多少農畜產品. 在富裕國家, 因為儲存的食品過期, 更不知道丟掉多少保鮮或加工的食物. 在民主國家, 法律無法規定人民應該吃哪些食物; 政府也無法規範農畜產品的產量; 那麼珍惜新鮮營養的健康食品是誰的責任呢? 總要有人負責, 不是嗎? 經濟學家告訴人們不要煩惱, 自由市場會完成最佳經濟效益的產銷控制, 而政府預防壟斷和控制利率的權力足以維持穩定的國家經濟, 乃至世界經濟.

6-4-2.政治學家

實貴的食物都已經丟棄, 其他物資自然更加無法珍惜. 還可以居住的房子, 拆除改建; 還可以使用的電腦, 丟掉進級; 按錯鍵, 重印的一百多頁報告只好偷偷放到回收筒; 更別說那些故意印來丟棄, 不可回收的競選 "標牌和旗幟". 但是, 競選 "標牌和旗幟" 再加上遊行的 "標牌和旗幟", 這些東西本身, 還有設計與製造的人力, 以及人們使用這些東西所花費的 "選戰時間" 與 "抗議時間", 甚至於 "報導與觀看的時間", 全都因為政治學家說 "直選民代與首長" 是最佳政治制度而被解釋成 "必要的浪費".

請問台灣人, 以上各種被浪費掉的物資與人力, 能夠只因為專家的話而變成美好生活的 "必要成本" 嗎? 你難道一點也不懷疑專家的話?

6-5. 心兒黑了: 民主? (惻隱之心, 逐漸地麻木)

我們檢視一下民主制度風行全球的 2009 年. 在富裕國家, 有慈善機構提供免費食物, 福利機關提供糧食補助金; 但是, 沒有饑荒, 在貧窮國家, 每天, 甚至每小時, 仍然都有人民活活餓死. 難道這是人類的理想世界? 我們再檢視一下民主成熟的富裕國家, 就以美國為例; 美國每一個大城市都有無家可歸的游民, 有小偷, 有強盜, 以及全世界最有效率的販毒組織. 美國每一個地方都有最精彩的免費成人網站. 這又算是理想的富裕國家嗎? 在 21 世紀, 更令人髮指的是有些富裕國家的買春團居然到貧窮國家去嫖淫雛妓. 以上現象都是今日世界的常態; 都是些一直刊登在網路的新聞, 也是每個台灣人隨時都能檢視的消息.

請問, 沒有饑荒, 卻天天有人餓死, 為何多數台灣人都不在乎? 民主制度究竟出了什麼問題?

6-6. 勇氣消逝: 政黨! (道德勇氣, 無處去使力)

我認為, 時間將告訴人們, 美國 "直選民代" 的民主制度正一步一步把人們帶向破產世界. 風靡全球的 "政黨政治" 則是 "直選民代與首長" 這個模糊問題的根本所在.

6-6-1. 結黨
黑社會的黨派, 自然都是純粹為了大頭目的大私利, 其他頭目的中私利, 和小弟的小利而組成的. 他們的營業項目有販毒, 包娼, 收保護費, 綁架, 殺人等等. 其他社團則有一些非營利的公司或組織, 甚至有慈善機構, 服務有急需的人們. 我想談論的結黨是結政黨. 雖然政黨屬於非營利組織, 但是, 一個政黨最主要的目的是爭奪執政權, 所以, 政黨為奪權而生, 絕無二話. 雖然政黨不直接營利, 但是它卻可以經由奪權而獲利. 所以多數政黨以非營利組織之名, 行間接營利之實.
6-6-2. 政黨
在美國首創 "直選民代" 這個民主制度的時候, 人們還沒有公開的政黨組織. 因為在君主專政的時代, 皇帝痛恨臣子結黨, 所以政黨活動都在私下進行. 但是時間很快就告訴人們, 贏得選戰的最佳工具是一個大政黨. 於是一向見不得陽光的政黨活動很快的就開始公開宣傳.
6-6-3. 飽黨和飢黨
於是, 既得利益的大富翁組成飽黨而欲得利益的聰明人組成飢黨, 其他有各種政治目的的人組成各小黨. 飽黨和飢黨輪流執政. 飽黨執政就更改或增刪法律條款, 讓它有利於大富翁們保持並繼續擴張既有的財源而飢黨執政則更改或增刪法律條款, 讓它有利於在後面追趕的聰明人開發並重新分配人類的財源.
6-6-4. 分攤罪惡
一件大惡事如果是許多人的共同決定, 往往被歷史寫成義舉; 至少被定義為兩害相權取其輕的正當行為. 例如美國華盛頓州, 因為經費不足, 在 2003 年底刪除了非法居民的緊急醫療補助. 可是為了公共安全, 對於瘋子的緊急醫療補助卻不能停; 因為瘋子住院, 醫院的開銷很大, 如果沒有政府補助, 醫院就不收病人. 於是州議員在 2003-11-24 通過 WAC 388-865-0217 條款, 於 2003-12-25 生效, 維持了緊急住院精神病患的州政府補助. 然而因為車禍重傷的非法居民就有醫療問題了. 那些傷患不會威脅公共安全, 所以只有聯邦醫療補助. 聯邦醫療補助除了緊急狀況還必須有一年以上的復原期. 而且, 州政府必須分攤部分補助金額. 許多醫院只好拒收不可能獲得補助的車禍非法居民, 一律轉送州立醫院. 結果還是州政府出錢, 只是少付一些在轉送途中死亡的傷患. 可是, 州議員增設的法律條款安撫了大部分的選民. 那個立法行動就是至少被定義為兩害相權取其輕的正當行為. 又如 2003-3-20 上午 5:34 展開的伊拉克戰爭, 被美國和多數民主國家定義為反恐戰爭, 同時, 又協助伊拉克人民建立民主政府. 而中國人所謂 "成王敗寇" 更加說明政治就像戰爭, 只分輸贏不論善惡. 全民投票雖然在邏輯上有重大矛盾, 可是再大的矛盾被那些上億的支持者分攤下來, 也就不足為道了. 到了選戰盛行的現代, 由於政治廣告氾濫成災, 個人賴以頂天立地 (拒絕同流合污) 的道德勇氣, 在這些似是而非的報導中完全迷失目標. 道德勇氣既然無處施力, 最後終將消逝.

請問台灣人, 諸多政黨廣告裡頭, 可有立場公正而值得台灣人民犧牲生命, 甚至於以 "一生時間" 去支持的?

7.解答

每問題都應該只有一個最適當的答案, 而這個答案必須符合 "不爭的事實" , 可是, 對於前五個問題的答案我還沒有把相關細節整理出來. 如果這一本小冊子賣得不錯, 我就花點時間把我的答案發表出來供人參考. 我有一個 "清廉薪資福利制" 可以用來追求賢能政府. 我還有一個 "十三品人格理論" 可以匯集台灣人民對於 "今日公義" 的共識.

7-1. 不爭的事實
歷史記載科技進展, 藝術成果, 各朝律法, 和出色的十三品人類故事. 事實上, 人類的問題很少依照最適當的答案解決. 一般而言, 百分之八十適當的答案都足以妥善解決問題. 至於主事者和相關的工作人員能否找出幾個適當的答案, 然後選用其中一個, 那得先看他們是否心存公義, 再看他們是否具備相關的能力和經驗.

7-2. 事在人為
如果他們 "不存心" 或 "存心不" 行公義, 那麼, 他們的能力和經驗越夠, 對公眾的破壞越大, 例如阿扁. 換句話說, 如果身處台灣的年輕人從今天開始, 存心力行公義; 努力增加自己改善六大文化問題的能力和經驗, 那麼, 這一代有 "成長勁力" 的台灣人也許就能夠完成 "東西文化在寶島台灣大結合" 的巨大工程.

7-3. 年輕人
一個年輕人在 18 歲開始投票, 經過 7 年的投票訓練, 就必須開始對自己所做的每一個決定負起完全的責任. 年輕人在 25 歲以後就再也沒有理由去怪罪天生材貌以及 18 歲以前的後天運氣. 因為 25 歲以後的自己已經是被自己決定了 7 年的人, 要怪就怪自己; 要好更要靠自己今後的每一個妥善決擇. 台灣人民, 自己去好好想想吧.

E.

漢字的"十書"和漢族的"民族性"

中國文字学一向用六書來說明漢字的演化。由古到今，比較出色的論述在林尹先生的"文字学概論"裡面介紹得十分詳盡。林尹先生認為六書中，轉注和假借是用字之法。他贊成明朝楊慎在"六書索隱"裡頭"四象以為經，假借轉注以為緯"的六書造字結構。這種"四象為体假轉為用"的理論在章太炎先生的"國故論衡"中講得非常直截了當。他說因為"方語有殊，名義一也"，這些已經通用的同義字可以互相轉注。"義雖少變，不為更制一字"這種借用已有的字形來代表其他類似的字義，就是假借。所以，轉注和假借這兩個動作並沒有造出新的字形；只是增加(或改變)字義或字音。

1. 六書和十書

事實上，在漢語的工具書裡頭全部都是以字形為單位。就算是聲韻学和訓詁学的工具書也都是在同音的字裡頭再用字形去分組或者在同義的字詞中，以字形再去分組說明。更不用說一般的字典或詞典了。對一個字形(尤其是常用字)的說明都是一串串的字義。有的字形還帶著兩三種不同的字音或声調。所以

E①

A3-2-01

大多數的学者認為給一個字形"增加一個字義，甚至於字音，都只是一個字"增加了不同的用法。那麼，少數的学者為何堅持六書都是造字的方法呢？有的人對"說文解字"的轉注和假借加以引申。例如考和老都是既有的字。對古中國人來說，是兩個方語說明同一個現象。有些少數的学者就說，考已經沒有老的字義，這等於是在古中國人的字典裡頭把原本是一個字的兩種寫法，改變成兩個字。所以他們認為轉注藏有造字法。另外有的人由另幾個方面來看造字這件事：

1-1. 對稱

既然同音字可以說是不同的字，在字音上相疊在一起；我們也可以說有不同字義的同一字形，是不同的字在字形上相疊在一起。同樣的對稱說法，對於古中國人來說，考和老正是不同的字在字義上相疊在一起。簡体字和俗体字則是不同的字在字義上以及字音上疊在一起。而字形，字音，和字義都疊在一起的就是同一個字。其他的情形都是不同的字。這是完全就對稱的觀点出發，把一個字的字形，字音，和字義看成一般重。然而就文字学來說，是偏重字形的。第二重要的是字義，最後才是字音。　E②

1-2. 語言

但是就語言來說，字音比字形更加重要。我們講電話時，但憑声音來溝通。所以，在當初同一個字形分成二種字音的時候，好比乾燥和乾坤的乾字，就語言系統而言，那一個字形沒變，可是人們確實多了一個字可以用來說話。不像簡体字和俗体字，在字形上確實多出一個或幾個字，但是對於說話用的語言系統來說，並沒有多出可以使用的字。既然文字的目的是配合語言去做溝通的工作，那麼考慮語言的立場，"把增加讀音看成造字"該是也可以成立的說法；在教小孩說話時，就是當成不同的字來教。

1-3. 破音字

上面所提的"乾"字就是不增加字形，但是又造字音又造字義的廣義"假借法"所造出來的字例。一般学者在說明六書裡頭的假借字，大多只是增加字義。好比把命令的令用在縣令這個名詞上，仍然維持原來的字音，只是增加了"首長"的字義。

1-4. 變調

另外有一種現象是形義不變，只改變字音的，叫做變調。最規則的是"不"這個第四声的字，當它的後面接上另一個第四声的字，我們就把"不"讀成第二声。好像"不變"；而"不錯不好"就使用原來的第四声。另外一種也算常見，但是這個規則就不是針對一個字而設定的。這個規則是在第三声的字連續出現時，中國人只保留最後一個第三声声調，其他的，一律改讀第二声。好像"跑馬"，"打靶"，和"保險"，它們的第一個字原本讀為第三声，好像"跑步"，"打仗"，和"保衛"。也有比較花俏的讀法，是第二声和第三声間隔著讀的，好像"我找保險公司估價。"把"找"字给讀成第三声比較好聽。"我好想他，也好想你。""我想你"，"我好想你"，這一些"我"，"好"，"想"的声調也只有中國人才弄得清楚。變調算不算给語言加字呢？

1-5. 全對稱

我們把字形，字音，和字義的異同列出表來：

方法	造字	造形	造詞	造義	造音義	造音	偷賴
名稱	象形，指事，會意	形声	轉注	假借	破音	變調	?
字形	異	異	異	同	同	同	異
字音	異(同)	同	異	同	異	異	同
字義	異	異	同	異	異	同	同

那個打上問號的類型就是簡体字和俗体字。如果我們把自己寫錯的字也加上去，那就屬於表上的第七類。我把它叫做"簡俗"字。對大多數的学者來說簡俗字是該廢除的字。可是那些也都是漢字，在字典中也都給予承認，所以也值得花一点心思研究一下簡俗字的造字法。

1-6. 偷懶

是的，就算簡俗字也運用了"四象"來造字，它造字的出發点只有一個，就是偷懶。懶得寫繁体字或者懶得去学習正統的寫法。研究完畢。

1-7. 造詞

在漢字的形音義"全對稱表"中的第八類是同形，同音，又同義的字，也就是同一個字。透過"全對稱表"的分析，我們也許可以找出藏在轉注字裡頭的造字法。和轉注字最相似的是簡俗字。在剛開始的時候，它們都是同一個字義的不同字形。但是由於簡俗字有一個正統字可以跟，所以字音相同，而且字義永遠跟著正統字，不會改變。而轉注字就不一樣。轉注字彼此都是原創字，甚至大多數還有不同的讀音和其他字義。所以絕大多

E⑤

A3-2-03

數的轉注字，它們的最主要字義就隨著時代的變遷而愈分愈遠。終於在某一朝代，它們之間就再也沒有共用的字義。好像在今天的字典裡頭，"考"的字義很多，"老"的字義也很多，但是它們的字義沒有交集。這種轉注字的變化事實上並不增加字形，只不過原本代表同一字義的兩個字終於完全脫離了。一般而言這個過程是緩慢的。但是，每一個新增加的詞就是字義分離的里程碑。新詞用得多了，"字"的最常用字義就隨之而改。原來的字義就一步一步退讓給新出現的詞義；到最後，再沒有人提起，而原來的字義就消失了。

1-8, 别字

到目前為止，在字形，字音，和字義一視同仁的原則下，由"全對稱表"我們一共找到八種主要的造字法。也就是象形，指事，會意，造形(形声)，造詞(轉注)，造義(假借)，造音(破音和變調)和偷懶(簡俗)八種的造字法。另外有一種，叫做通假字。那是文学名著的作者故意或無意間把字用錯了。所以讀者自行決定要改正了來讀或是將錯就錯的欣賞。通假字一般而言也就是"别字"；但是，有時候是時代不同而字義懸殊。

E⑥

1-9. 革命

除了"别字"造字法，還有一種整批作業的造字法。基本上由大篆進入小篆固然是秦始皇的命令。李斯，趙高，和胡毋敬等人必定改變了不少的字。由甲骨文到金文和大篆以及由小篆到隸書和楷書雖然沒有政府命令，但是，那個改變過程必定經過許多人的整批作業才能夠改得那般的整齊。我們可以把這一類的整批作業，叫做"革命"造字法。這就是十書的最後一書。

2. 漢語歷史

現在我們就用漢語發展的七個階段來了解中國文字学的十書。

2-1. 單字期

中國人的祖先用單音，姿勢，表情，描畫，記數，符号，和信物作為与人溝通的工具。描畫，記數，和符号就是象形和指事造字法的開端。

2-2. 詞句期

接下來，中國的祖先們開始造句並且使用兩個字的詞來當作一個字把抽象的意思說更明白。在這個時期他們做了一個重大的決定。他們決定維持象形文字，不走拼音文字的路線。於是把逐漸簡化的象形和指事字符用會意的方法來造字，而不是選擇声符和韻符來記錄語言。所以拼音文字也就無法代表人類的文字。

2-3. 加字期

漢字不是唯一的象形文字系統，但是，它是唯一經過時代考驗而存活下來的象形文字系統。漢字在成長的時侯，首先遇到的問題就是書寫的速度。

2-3-1. 声調

為了避免把一個字讀成兩個音節，又可以不必用兩個字來寫兩個音節的字，中國人決定採用声調來解決寫字速度的問題。一般的方言有七種声調。

2-3-2. 記錄

甲骨文，鐘鼎款識，和陶器上的文字開始記錄人類的文字歷史。其他的竹木書簡則大多沒有機會變成化石。

但是民間口述的詩歌和故事已經非常豐富。

2-3-3. 形声字

隨著人口增加，法律條文和交易記錄的用字也不得不創新來配合增加的物品和活動種類。當一個字代表太多字義的時候，寫到記錄中往往有多種不同的解釋方法。所以必須加字。最容易的方法就是選擇一個音符，加上一個義符，這樣子就可以保持字的讀音又明白字義的大概意思。這種字叫形声字。

2-4. 交流期

人口又增加了。於是記下故事，知識，詩歌，和哲学的文章愈來愈多。有的作者開始把字義引申到新的事物上頭。也就是假借既有的字，來表示別的類似的字義。一旦認同新字義的人多了，那一個字形也就增加了一個字義。也有可能在日後的某一朝代，那一個字形的原始字義不再有人記得。那個字就這樣子被篡位了。這一類的字就是把字義引申或更改的假借造義法。在交流期中，因為作者繁多，於是往往一個字有多種不同的寫法。在市面上就出現了許多的俗体字和簡体字。

2-5. 合併期

秦朝把天下所有漢字收集起來，給予統一的寫法。於是在市面上流行的簡俗字就有了一個規範。但是有的字雖然有些用法和標準字相同，卻有另外不相同的用法；於是這個字的字義就受標準字的影響而集中到那些另外不相同的用法上，終於和標準字脫離。在需要新字的時候，有的簡俗字也被用在新的詞上，代表一個和標準字不相同的意思。這種原本字義相同，因為造了新詞而分家的現象叫做轉注造詞法。

2-6. 正統期

在東漢許慎的"說文解字"出版以後，人們開始有系統的把漢字整理起來。於是文字，声韻，和訓詁之学一路發展，到清朝而極盛。尤其是金石文的整理和1899年甲骨文的發現更提供了許多考証資料。由於漢字已經正統化，有的文学名著用了別字，那些別字也就無論如何擠不進字典的既有字義裡頭。但是沾了名著的光，那些別字也造了字義：只在那本名著裡面使用的字義。一般人稱之為"通假字"。

2-7. 全球期

在全球人類開始互動以後，中西文化彼此学習長處。漢語當然也經歷了幾次大變動。

2-7-1、統一讀音

漢語採用音標符號來標音就是向"拼音文字"学來的。在1918年11月公布國音字母，在1930年4月改名為注音符號。到1958年2月11日更進一步把声母，韻母，和半韻母一律分開，並且用英語字母為符號，公布了"漢語拼音方案"。透過通行世界的英語，把漢語推展到國外去。

2-7-2、第一批簡体字

1956年中國大陸建議把漢字簡化。提出第一批簡化字，三個表，一共簡化 350 個字根 146 個偏旁並且列出了 1753 個字根和偏旁的運用範例。像我這樣五六十歲的台灣人勉強可以看懂簡体字。但是，除了一些原本寫慣的簡体字，我是寫不來其他簡体字的。

2-7-3. 神算

1964年3月7日正式通告實行第一批簡体字。中國大陸在1986年10月10日，第二次修改第一批簡体字並且公佈暫停實施第二批簡体字的研究計劃，把 1977年5月提出來的第二批簡体字給凍結起來，禁止試行。在今日電腦可以掃描整篇文章，認字存檔和未來電腦可以用語音輸入的趨勢來看，1986年的決定是未卜先知，是神算。

2-7-4、革命字

像第一批簡体字，把許多原來不曾簡寫過的字用公式化的簡体字來代替。那些公式化的新造出來的簡体字，我們可以說是透過革命造字法而產生的字。在台灣也有許多配合台語發音而製造的新字。這些字比簡体字複雜多了，大多是形声字；有一些會意字，假借字，甚至破音字。這種為了政治目的而量產的字都可以名之為革命字。

3. 文字学十書

文字学十書只是把前人的各種看法用歷史排出大略順序。然後加上簡倍字，破變字(变調,破音)，通假(別)字，和革命字，合稱十書。

3-1. 偷懶的第一步

比較不用心的造字法造出的字在使用的時候難免出問題。在十書中，我們可以分出用心六書和偷懶四書。偷懶的第一步就是只負責造形，而維持原來的字音，把字義給分出去的形声字。因為有了這一個偷懶的方法，中國人才有了風，楓，瘋，和諷而製造了楓紅這種見文思意可是開口說個ㄈㄥ却叫人联想出四個字的優美却不便的局面。假若當初只用一個風字代表空氣流動的現象而形容詞代表"瘋"字，至於動詞代表諷而諷又有讀成ㄈㄥ丶的音，恰好也是把風當作"吹"的意思時所採行的變調第四声。当時那個變調的風只能給風吹時使用而"吹"是给人專用的。不像今天，已經沒有人使用第四声的風字來代表"風吹"這個動詞。語言是"不約俗成"自然演變的，只有革命字才能大刀濶斧加以修剪。但是，假若當初的形声字直接改用"造詞"的方法，学習漢字就容易多了。

E⑬

3-2. 害人的偷懶第二步

形声字雖然把中國人的寫字負担加重三倍以上，但是"風葉艳紅"却萬萬不及"楓紅"二字。所以中國人這些占了大多數漢字学習時間的形声字，也有可取之處。只是就事後分析，漢字如果停在會意字，然後朝"造詞"的方向走，那麼学習漢字就簡單多了。

3-2-1. 假借(造義)字

這不是害人的偷懶第二步。一般是用造詞來把字義分出去。這是正確的造義法，像命令的令，拿去用在縣令的這個名詞上，增加了字義。形声字本当如此。

3-2-2. 破音字和變調

這才是害人的偷懶第二步。一個字形有不同的讀音是天底下最麻煩的語言文字問題。尤其是在人的名字裡頭的破音字，我認為那種方言的讀音應該在傳記文学或歷史記錄中特別加上讀音符號說明破音，不必要在字典中說明。乾淨和乾坤才得說明。

3-3. 必然的偷懶第三步

E⑭

是的簡俗字是必然的結果，而通假字則是偶然的偷幗。第四造義法。

4. 古中國人

漢語的声調限制了用語言表達感情的音階空間。古中國人也就發展出情感內斂的文化。古中國人一般比較深沉穩重，缺少天真活潑。不像今天的中國人又天真活潑又競爭進取。

4-1. 象形文字，造句力求精簡。

因為字的筆劃多，刻寫不易；所以古中國人寫句子就力求精簡。也因此養成了深思遠慮，力求句無冗字而文無冗句，這般的作文和處事態度。古中國人也就因為遠慮而追求長久安定的生活。一般的拼音文字則因為刻寫較易，造句就不必刻意減字。拼音文字因為沒有固定声調，所以字詞的平均音節數比較多；在說話時速度也就比較急着說完字詞而比較快。也許因為說得快，西方的文化就相對的比較活潑。對生活要求變化和趣味。

4-2. 文法簡單。

最精簡的句子文法必須簡單。漢語文法比其他語言的文法都簡單一些。和英語相比，有三点明顯的差異。其一，動詞沒有時式變形也沒有第三人稱現代式的變形。其二，名詞不分陽性陰性（古時有分，而且在剛和西方文学接觸時也分出了她和妳，只是他和你仍然可以代表女性。）也沒有複數變形。其三，形容詞沒有比較級和最高級變形。比較麻煩的也有三点。其一，計數單位太多，但是一律可以用"個"來充數。其二，不是不好，但是這個"不"字的變調現象可以把"不"一律用第二声來讀，差去不遠。其三，連續第三声，假若一律不變調，也可以將就着用。老子說禍福相倚，由於文法簡單，中國人自古不善應變，大多墨守成規，逆來順受。也因此，中國文化的主流是中庸之道，凡事折衷處理，講究家和萬事興。為了長久的安定，人們必須互助。

4-3. 詳細文化記錄

漢字不限制各地方的讀音自由。所以漢字的地方文化記錄詳實，有助種族之間的了解融合。中國雖然二度亡國，而漢語仍然屹立不搖。因為漢人早已是民族的大融爐，滿族人固然全面漢化而蒙古人也吸收了不少的漢人文明。

5. 今日華人

漢人的文明面對西方科技的衝擊和西方文明的誘惑必然產生許多變化。在剛剛過去的一百年裡頭，帝王制度終止了，貞節觀念改變了，對人類貢獻最多的由農人改為工人再改為商人。但是，農人的貢獻沒有任何陷阱，而工人的貢獻則污染了大地。至於商人的貢獻，讓人們互通有無；這樣的便利卻讓人們付出了無可奈何的代價：把自己的人生給幻化了。

一個民族的民族性是許多環境因素和天生個性的互動結果。古中國人的民族性不只是上一節所提到的幾点。那幾点只是就漢語的特性加以分析；剛好可以說明辜鴻銘先生所稱讚的"溫順努力"的人民；不夠風趣，缺乏抗爭的動機。但是在2006年，中西文化已經充分混合。我們由下列幾点來對照上一節所提的幾点民族性：

5-1. 離婚

這一点，台灣已經学得十分成功，而大陸也正在迎頭趕上。所謂家和萬事興的原則仍然不變，只是不再堅守原來的組合。夫妻個性合不來的時候，家和的辦法就是"改變個性不如換一個個性來試試"更容易和平相處。至於孩子的感受如何，因為各有利弊所以也就無法認真去思量。為了更有效率去維持家庭和平，離婚的盛行正是西化的結果。西方文化講究速度，要求效率；看不見離婚對人的一生這麼久的事件來說有什麼影響。可是西方文化對殘障子女的愛護卻是十分動人的。

E⑰

5-2. 学英語

知己知彼百戰百勝。今日華人学英語的認真程度比学漢語的認真程度有过之而無不及。所有古中國的"戰勝自己"人生哲学，包括老子的無為而治，莊子的死若返鄉，孔子的忠恕之道，孟子的義無反顧，王陽明的知行合一，或者是慧能的頓悟，已經逐漸走入歷史。今日年輕華人学英語的目標就是要在世界經濟戰場中，戰勝别人。今日華人已經脫離"天行健"的勝过自己；自強不息的原則，走在以勝过别人為原則的資本主義大道上。

5-3. 改良的回頭路

E⑱

A3-2-10

然而目前的英語距離世界語言的標準太遠了。首先,英語必須先放棄"拼字"而採用單純拼音來寫字。其次,英語的不規則文法太多,必須簡化一些。對於以英語為母語的人們,這兩個看似容易的做法,根本就好比是在謀殺英語文化。

把漢語拼音改良以後的漢語文字,配合簡化的漢語文法,更能勝任世界語言的角色。而且充分西化的,又活潑又快速的中國文化;仍然以"戰勝自己"和"互助的中庸之道"為人生哲学的基礎,必定更能吻合多數人的人生理想。今日華人似乎可以考慮走向改良的回頭路。

4-12-05 9:00 PM.

F.中國哲学 2006

是誰說的並不重要。有人說，而且說得有意思，就值得聽一聽，想一想。那是清朝末年的話。在科技闖入中國的時候，有人說："中学為体，西学為用"。他的意思十分清楚。"中学"是以說明事實為根據所發展出來的生活学問，偏重哲学。而"西学"是以証明事實為根據所發展出來的生活学問，偏重科学。所謂"中学為体，西学為用"也就是本著哲学的信念，用科学方法做事。這正是把双方的優点吸收到生活裡頭最明白最自然的方法。中藥和針灸是"西学為用"的最好例子。科学中藥把著名的中藥處方定量製成粉狀，把抓藥和煎藥的時間省去。科学針灸定位嚴謹，綜合各家的見解，利用逼真的假人鍛練施針的準確度。但是無法証明的中医脈象理論和經絡学說卻是科学派不上用場的学問。而沒有中医的知技，就不能開出適當的藥方；沒有中医和氣功的經脈知識，也沒辦法有效施針。光靠科学方法往往是不足以成事的。意志和心情比脈象和氣功更加無理可論而無物可証，偏偏人的一生就讓意志牽著走，就靠心情在支撐。假若沒有哲学原則來引領，遇到重大的抉擇時刻，人們往往在心意和事實之間為難。假若為了屈就現實辜負了心意，也就造成悔恨。"中学"偏重哲学，正是為了成就人們"無悔"的一生。 F①

A3-3-01

"西学"在美國的強勢經濟和武裝力量双重鼓動下，散播到全世界各角落。瓦解了共產主義的蘇联，引導著歐洲各國由實用文化走向更快而競爭更激烈的功利文化。有長遠歷史文明的國家，對生命價值有不同的看法，不可能像美國一樣一頭栽進功利文化。但是那些古老的文化在加入過多的實用文化以後，文化的繼承人已經成批的拿守既有的遺產。因為實用文化和功利文化十分接近，往往叫人分不清楚；實用文化又必須把科技調和到古老的文化裡頭，讓長久生活在古老文化的人們也可以接受實用文化；比較起來，直接接受資本主義，放棄古老文化，當然更加方便。也因為人口增加了，原來的古老文化都必須配合人口的成長而調整。與其翻修老房子，花加倍的時間和金錢，不如拆掉它而重新蓋一個新房子。可是，文化並不只是一些歷史和遺跡。文化也並不只是一些逐步改變的制度和律法。文化自然有它一脈相承古今不易的部分。是的，那就是古今中外，多彩多姿的各種哲学。在這篇文章裡頭將介紹一部分的中國哲学和一些中國人信仰的宗教。尤其是基督教。在2006年，相信，或者很想相信基督的人很多很多。這當然是全人類的福氣。可是相信是一回事，認真奉行基督教導的人並不多見。所以在耶穌死後都快2000年了，人們的世界仍然充滿了不安和悔恨。不安是對別人不信任，暫且不談。 F②

讓我們來研究發生在自己身上的"悔恨"。和悔恨相關的至少有兩種難題和一個問題。第一種難題是有的人能力無法養活自己或者因為事故殘障，無法養活家人。第二種難題是有好多人心中想做的事能力不夠，機會太少，而自己有能力做的事做起來卻很煩厭，簡直就像罹患職業倦怠症。第一種難題有兩個層次，第一個是政府和慈善機構的救濟。自古以來，人類社會都有殘障政策。由斯巴達的故棄弱嬰到歐美首創的殘障公車。一般而言，人類進步了。第二個層次是殘障人士心中的遺憾。這個層次已進入第二種難題。不論是第一種或第二種難題，一般來說，都 不會妨礙家庭以外的人群。就算不給自己找一個哲学出路，也不會造成社會問題。有困難的人，當然也可以參考這篇文章所介紹的各種哲学和宗教。因為有了難題，也就容易犯錯。犯了錯也就難免悔恨。只有三種活人犯了錯也不後悔。第一種是精神病。第二種是梟雄，只管自己高興，不論別人死活。而第三種就是已經盡心盡力，仍然百密一疏的發生意外；事後，又拚命要加以補救的人。可是，這第三種人必須在發現自己無法再勝任一個職務的時候及早換別人來做。這才是有別於梟雄的地方。在所有的中國歷史 故事裡頭，最美麗的一個 正

是堯和舜的禪讓作風。可惜後來的中國領袖 全都沒有那等胸襟和能力，禪讓的故事也就不再出現。"及早換別人來做"就像減肥戒酒，知易行難。

和悔恨相関的一個問題就是"貪求份外之財"。我也知道人們所貪的不只是財；貪食，貪色，貪名或貪權也都可以和悔恨牽上関係。可是這篇文章的主題是中國哲学，所以只能提一個問題來強調哲学可以讓人"一生無悔"的實際作用。

如果我們把"貪求份外之財"的問題交給法律去處理，那麼一個人的份內之財大多沒有上限，也就看不到貪的真相。如果把一個人需要的生活費用當作參考点，把兩倍的費用當作偶而奢侈一次的份內之財，那麼貪的真相就比較清楚。份外的就該想辦法給分配出去。是不是？不。我們無法想像那種美好的世界在2006年出現。我們不能用全世界 平均生活費用的兩倍來規範份內之財。我們必須面對真實的世界。根據人們賴以維持生活秩序的各國法律系統，在整個地球上去解決"貪求份外之財"的問題。如果不由事實出發，只想立刻滅貪，那麼共產主義的貪官文化就是眼前的實例。

共產主義原先是不允許私有財富的。在一黨獨大的共產國家，當官的往往是黨員。黨官對人民有生殺的

大權。權力之大就像以前的縣官，可是黨官不須要十年寒窗苦讀。在他分配財富的時候，往往順手牽羊，動点兒手脚。這種貪官文化正是共產主義勞動階級專政的必然結果。而今蘇联解体，中國大陸也改變法律，允許人民擁有無限多的財富。共產主義已經名存實亡。

那麼在資本主義的歐美國家，那些"一生無悔"的人究竟是如何出汙泥而不染的呢？我們就用"貪求份外之財"來研究。貪求份外之財在大多數的法律系統中已經變成合法的"急進主義"。在美國那是多數企業家奉行和支持的理念。在急進主義的理念中，一個人要敢於接受挑戰；在高一階的職位上要堅持到底。這種積極的作風比我們提過的禪讓作風當然更加容易讓自己犯錯，讓自己悔恨。為什麼在這種文化裡頭，美國人還能夠培養出世界一流的藝術家？而積極救難的紅十字會這許多"一生無悔"的會員又是怎麼來的呢？這些差不多每個人都肯定的成就，在歷史上，規模之大和影響人數之多都是空前的。馬克吐温說要成為一個出色的作家最有利的條件就是有 個不幸的童年。正因為美國的功利文化是個盛產錯誤和悔恨的環境，所以讓"唯美主義"的哲学思想以及基督信仰特別契合人們心中的需求。特别可以治愈悔恨。但是，這個事

實有兩個主要的資訊。一個是美國的唯美主義成就，讓世人如醉如癡而紅十字會的救難工作無遠弗屆。另一個就是美國人民後悔的人很多，甚至那些已經不再後悔的人，像車禍的肇事者，偶而想起往事，仍然難免悲傷。

我們原本就知道，哲学和宗教可以讓人"一生無悔"。上面的說明只為了指出哲学和宗教的實際作用。它們並不是"滅貪"。只是把貪財給轉換成唯美主義的貪歡，紅十字會的貪仁，和基督教徒中，那些耶穌信徒的貪愛。現在，我們先看一個西洋的哲学，然後開始介紹一些中國哲学和中國人所相信的宗教。

唯美主義在美國是一種哲学。唯美主義追求各種形態，感情，和意志的美。把那些追求當作一生中最重要的事。能發掘或創作當然最過癮，就算只能欣賞也是非常喜悦。但是在中國，一般人欣賞詩經，也講究琴棋書畫，却往往把藝術歸入雕虫小技和玩物喪志一類有礙人生的事情。"美的事物"，尤其是和美女有関的事物，令人着迷。但是"壯的事物"，尤其是和英雄偉人有関的事物，更令人震撼。孟子就是中國"唯壯主義"的名人，他說的"舜何人也，予何人也，有為者亦若是！"早就傳遍了中國大街小巷。另外呢，"瀟灑的事"總令人感到舒暢。莊子

是中國"瀟灑主義"的名人。他那莊周夢蝶和死若返鄉的異想，把人生和死亡重新定義。那也是古今中外的中國人十分喜愛的小品。唯美主義，孟子，和莊子就這樣介紹完畢。我們由最早的中國哲学開始這篇文章的主要部分：

1. 乾卦原則—自強不息。

中國人的生存之道是在大自然中去学去想而累積下來的原則和方法。在周朝，政府法制成熟，民間充滿歌謠。易經乾卦的卦象指出："天行健，君子以自強不息。"的積極原則。

2. 老子之一，"明哲保身，福禍相倚"

周朝版圖擴大了，諸侯發展成一個一個的小國。於是原有的政治法制不足以協調諸侯之間的競爭。乃生出許多政治理論和人生哲学。諸子百家之言，各自成理。而其中最讓中國人喜愛的就是博学的老子和入世的孔子。老子告訴孔子說："聰明深察而近於死者，好議人者也。博辯廣大危其身者，發人之惡者也。"讓孔子有名望卻能長壽。可是又因為長壽而承担妻子死別和子路慘死的痛苦。這正是

老子所謂"福禍相倚"的道理。

3. 孔子—忠恕孝悌。

我們由孔子自述的"七十而行之所欲不踰矩"，可以明顯看出來"学而不厭，誨人不倦"的孔子是甘願吃苦的。多活幾年，多為世間培養正人君子。孔子的入世處方以忠恕為原則，孝悌為守則。他建議人們依照自己的天資多学多想，在六藝中力求上進。孔子不說怪力亂神，而他的理由很簡單，"不知生，焉知死？"。至於孔子個人的修養，我們可以由"朝聞道，夕死可矣！"看出他的達觀。

4. 老子之二—無為而治。

老子無為而治的理想，要人民實其腹虛其心，隔村之民老死不相往來。這樣的安排在周朝諸侯相爭的時代既不可能，在人口暴增以後的時期，大多數人分不到可以種植或畜牧的土地，更是緣木求魚。

5. 共產思想—無為不治，激發共產雛型。

雖然漢朝努力試過無為之治，然而，一旦生財的

土地漸漸集中在大財主的手上，政府就不能不出面了。王莽的井田制是中國首次試行土地公有禁止買賣。

6.質能互換—陰陽聚散。

老子的另一個理論說看不到的小東西，聽不到的小声音，和感覺不到的小能量，結合成共同的，完全融合在一起的東西。到了王充的"論衡"就十分明確的提出了質能互換的理論。他說陰氣和陽氣這兩種能量凝聚而形成物質，包括人的身体。人死掉以後，身体又漸漸消散成為陰氣和陽氣。萬物莫不如是。在我們安排自己一生的時候，這個哲学多少有它的建議。在"西学"裡頭，這個哲理被愛因斯坦用 $e=mc^2$ 來表示。看起來，陰氣和陽氣的描述比較有味道而且比較細緻。記錄能量的基本單位就是正子和負子。

7.韓愈—文以載道，貞節文化。

因為韓愈的古文運動，中國的古籍重新被整理出來。可惜當時所主張的道是君子必須合於仁義才是真正合乎道德的道，而不是易經所謂的天道地德之道。韓愈的目的是要喚醒當時沈迷在佛教理論和黃老思想裡頭的知識分子。所以沒有人積極去尋找"樂經"。孔子說，"兴於詩，立於禮，成於樂。"，因為

F⑨

A3-3-05

沒有樂經，所以韓愈的古文運動沒有辦法成就孔孟的仁義之道。文以載道的結果只產生了貞節文化。

8.老子之三—吾之大患在於有身。

老子的意思是人生在世的最大麻煩莫過於"貪生"。尤其是在生不如死的情況下，仍然怕死的話，那麼那個人就是自作孽，日子將會又麻煩又痛苦。一個頭腦不再靈敏，身手不再穩定的老人，与其被關在医院那個白色的監獄中，靠藥物減輕痛苦。中國人說，長痛不如短痛。倒不如自願不看医生，在家中痛死。

9.慧能—菩提本無樹。

老子"及吾無身，吾有何患"的理論到了慧能的"頓悟"，把一段人生最美妙的偈句傳遍中國："菩提本無樹，明鏡亦非台，本來無一物，何處惹塵埃？"慧能倡導不立文字的傳授方式，禪宗的衣鉢也不再擇一人而傳繫正統。他用適當的指点，協助許多弟子開悟。禪所以能夠盛行一時，六祖壇經所以能夠歷久不衰是因為成功的"頓悟"可以把人由有限的肉身解放出來，再也沒有物質上的煩惱。修禪並沒有固定途径，所以，也可以說到處都是

F⑩

069

出發点。堅持下去，往往就成功了。所以用漸悟的方法也可以終於遇到開悟的剎那。出家是一個占有許多優勢的出發点，但是，要開悟總是需要努力的。以下是我的開悟摘要。

10. 少一根筋 — 無法四大皆空。

開悟和成佛有一段距離。人們用空來形容涅槃的境界，却没有幾個人能夠親臨那種境界。就拿佛教的密宗來說明，事實上並不是每個人都可以成佛。所謂佛渡有緣人就好像只有機緣湊巧，人們才有辦法親自体驗靈魂。靈魂有時飛上半空中，俯視那個躺在車禍現場自己的肉身，然後不知如何，又回魂過來。又像有時夢中的情節竟在日後重現，也是可遇不可求的機緣。更明白的事，好像見到鬼魂。雖然老是聽到鬼故事，真正見鬼却不容易。然而對佛教的密宗信徒和其他巫術從業員來說，修練靈魂却是他們日常的工作。中國人說有陰陽眼的人就看得到鬼魂。可是釋迦牟尼的心願是普渡眾生，所以他建議人們由四聖諦去修行，不必修練靈魂。但是涅槃境界對我而言還是高高在上。我無法想像四大皆空的意思。就是少了一根筋。但是我能夠

了解"臭皮囊"只是自己分配到的住所，不論美醜，無法和他人交換；這樣的說法。然後我得想想我的生命要怎麼樣去過。我得維修我的住所，也就是吃些東西，適當休息，保持"臭皮囊"的健康。可是我又不能一天到晚只做維修住所的工作，否則，我的一生算什麼？是不是？這就是"頓悟"的出發点之一。頓悟比涅槃容易。"頓悟"並不追求空。它只是把下列的事實往內部推想下去。"人要接受自己出生時的家人，物理環境，和四季天災等等命定的條件，才能着手改善生活。"推想下去："人的心意要接受自己天生的個性和資質等等命定的條件，才能着手改善生命"。這樣的事實簡單的說就是"人要超越才智去追求心意"。所以每一個肯用心努力的人都可以有"頓悟"的一天。頓悟以後人的心意就由肉身解脫出來。心意解脫了智力的束縛以後，人就自由了。人就不會在乎能夠活多久而只會珍惜活着的每一個當下。這也就是孔子說的"朝聞道，夕死可矣！"。涅槃要求人們更進一步要超越心意，四大皆空；我是辦不到，也不想去辦的。我和成佛無緣。但是，我愛我的一生。

11. 最佳工具 — 道。大道和小道。

當四書被宋朝大儒整理出來的時候，"道"的十六字定

義終於出現了。這是一個人類有史以來最寶貴的学問。也不知始於何人的靈感，這個天地間最實用的知識就印在書上，向世人說明做事的大道。這個十六字大道是非常明白的，"物有本末，事有終始，知所先後，則近道矣！"但是要找到一個適當的下一步，却不容易。雖然事的終始變化多端，不易了解；但是守住本末之分，也足以讓人一生暢行無礙。另外一個做事的小道，要到工業革命以後才慢慢顯示出來。而在電腦出現不久，才正式被當作機械作業的主要方法。做事的小道就是"告一段落"。這大小二道固然是十分明白，一難一易，也固然是十分實用；但是，那畢竟都只是工具。要用這個工具來解決這件人生大事却不容易找到本末，很難看清終始，也就走不動下一步。這件人生大事就是"我應該怎麼安排我的未來？"

12. 中國哲学 — 中庸之道：致中和。

有史以來最簡潔，十分踏實的中國人生哲学也在這個時期出現。中庸的"致中和"一直就是中國人努力的中心点。中國人一致同意的俗話："家和萬事興"，正足以証明此事。大学之道所列出來的明明德，親民，和止　於至善則是中國人努力的三個方向。而"誠正修齊治平"是明明白白的個人努力六個階段。"止定靜慮得安"是個人安心的六個

F⑬

A3-3-07

階段。而中國人的理想世界是禮運大同篇所描述的"講信修睦"的世界。

13. 努力温順的人民

好像萬事俱備的宋朝即將把中國帶　回到禪讓文化裡頭。可惜的是那些宋朝大儒們忘了孔子是個踏實的教育家。他們忘了六藝裡頭的射和御。當北方各國的武力逐漸強盛，而宋朝又值昏君奸臣當道，中國人只有面對侵略。但是周易乾卦的自強不息精神和中庸之道的致中和原則却已經深深的植入民間而造就出辜鴻銘所稱讚的努力温順的人民。也就把蒙古人和滿人給融入了中國人的大家庭裡頭。

14. 王陽明 — 致良知以及知行合一。

王陽明的"知行合一"鼓勵人們知道了就要去做，不要怕失敗，也不要怕做不好。他又以致良知來支持知行合一。他說每個人都知道善惡。人要憑良心做事。雖然他把孔子的学問給縮水了，只採用忠恕的忠，和"学与思"的思；但是，只管自己做得正，不必管別人怎麼想，這也的確是比較單純的人生哲学。

F⑭

15. 孫中山 — 知難行易和民族主義。

孫先生的"知難行易"理論是針對"知易行難"的民間俗話而設的。雖然知易行難是戒賭的藉口，但是知難行易的理論並沒有足夠的証明，也就變成純綷為了反對知易行難而設的口號。所以"知難行易"的追隨者一直不多。

孫中山的三民主義，重点在民權主義。他主張五權分立。把監察院獨立出來，正也許可以阻擋共產主義的貪官文化。把考試院獨立出來，正為了延續科舉制度對民間長久以來的鼓勵作用。他把三民主義當作一種信仰。但是民權主義只是一個制度，不是哲学。民生主義只是經濟計劃，也不是哲学。所以我就只列出民族主義當作標題。然而強調民族自救的種族主義和美國強調國力強盛的功利主義都只能是短期的過渡做法。理由很簡單。因為強盛是相對的，必須和別人競爭。而競爭總是強調才智能力的發揮，必須要求人民把大部分的時間投入才智活動中。因為一天只有24小時，所以心意活動的時間也就相對的減少了。而且和其他種族或國家競爭的心態，多多少少會傳染到種族或國家的內部。人民不只

F⑮

是在企業和企業之間競爭。就算在必須同心協力的同事之間，難免都要互相競爭。又要互助又難免要競爭，而競爭和戰爭又只是一字之別。所以那種工作環境對人類來說是非常不健康的。這就說明了種族主義和功利主義是無法持久的。

孫先生的民族主義把中國人"平天下"的志願改成"全天下的中國人站起來"。在當時的強勢語言，是著重個人自由和國家強盛的文化；當然，要把那種天下給平定下來是不可能的。可是，中國人又何嘗不是由多種不同語言和文化的環境中走過來的？所謂平天下並不是要統一天下，而是讓天下太平。民族主義只能是一時的權宜之計。不是長久的哲学。

16. 毛澤東 — 革命文化。

毛澤東的毛語錄是半册的孫子兵法。孫子兵法說兵者凶器不得已而用之，算是上半册。毛澤東專講革命和鬥爭的方法和原則，删除了上半册。毛澤東是一個極端的偏才。他是天生的戰將，却完全不懂建設。他的革命哲学能夠在人間實行的期限比民族主義更短。因為每個人都希望戰亂愈早結束愈好。只有梟雄例外。革命文化是短命哲学。F⑯

17. 命運自營一台灣奇蹟。

蔣經國没有自己的哲学主張，他是用做的。於是我替他歸納了一個命運自營的人生哲学。由於孫中山先生的五權憲法比美國的三權分立更加適合中國人的文化，加上許多有能力又肯做事的人像孫運璿和胡璉等等有志之士共同奮鬥，蔣經國終於創造了台灣奇蹟。在政府機構裡頭，必須有許多"親民"的工作人員，人民才有辦法做到"努力温順"四個字，對不對？錯了。相信神的人，無論什麼情況都做得到。他已經把一生交給了神，已經超越了政治的管轄。還有就是老子的信徒也勉強可以撑完全程。老子說柔弱生之徒，他的信徒是温順的。再其次是中庸之道的信徒，他們是努力的，而致中和的目標，使他們比一般的世界公民可以支持得更長久。而在這一節裡頭，我所歸納出來的命運自營哲学，是給多數的台灣人提供一個旁觀者的分析報告。所謂多數的台灣人，指的就是不像西施那麼美麗，也不像老子或孔子那般聰明的台灣人。

我是台灣人。我比老子或孔子是星光對太陽。但是我住在美國已經21年，所以我又是一個旁觀者。因為我在台灣住了35年，所以我已經吸收了那種命運自營

的文化。這個文化和老子的"有無相生"理論是相関的。老子提出了"知守"的人生哲学，說的是人們要知陽守陰。也就是利陽用陰的做法。推論開来，他要人們知其剛而守其柔，知榮守辱，知進守退，知有守無。這個知，是充分了解的意思，而守呢是当作言行中心的意思。守字的單獨意義是堅持，保護，有節操，和保住等等，但是和知字相對使用，也就有知行不一的意思。換句話說，也就有明明知道，却可以偏不去做它。我只挑其中的知有守無來看台灣人所發展出來的命運自營文化。老子說的"有之為利，無之為用"，在現代人的說法呢，讓我把"知有守無"和"利有用無"給中和一下，改成"知有用無"那就比較白話。這三句話的意思是"知道有，言行却是無"，"有的好處，就是可以使用無"，和"知道有，使用無"。好像繞口令一般，但是，一旦我們把真實世界的有無給套到公式裡頭去，那就生出許多想像空間。老子自己舉的例子是碗，屋子和門窗。人們用的是"空無"的部分。或者說，如果空無的部分很小，那麼物質的部分愈大，那個東西也就愈加的不好用。我們再看刀子，我們用的是刀口兩旁的空間，刀子鈍了，空間小了，刀刃就很難擠進去其他東西的内部。不論我們用的是物内的空間或物外的空間，這都是"利有用無"，也就是"利用"的例子。現在，我們來看一個"知有用無"的

例子。這是一個平凡的碗的例子。這個平凡的碗，就說是個塑膠碗，陶碗，或者保利龍碗吧，既不漂亮，也不是鉄做的，甚至玉雕的；總之它不是特殊材料製造的，而且是量產的，百分之百不是藝術品。例子非常簡單。由那個碗被做出來，到那個碗被丟棄，它的生平只有在裝著東西的時候，才有点兒內容可說。對不對呢？平凡的碗，平凡的一生；實在有用的時候，就是裝著東西的時候。這個平凡的碗好比沒有西施之美也沒有孔子之才的一個凡人，而碗內的空間，好比那個人的心意。一個平凡人的一生也就好像那個碗的一生；有故事大約全在心意有用時。我們再進一步看凡人的一生。一般而言，肉身在斷氣的時候死去。人的靈魂大約在7天以後漸漸消散。是這樣吧？中國人做頭七，讓家人和亡魂說再見。在肉身和靈魂死後，還有亡者的感情生命，活在和亡者有感情的人心中。或深或淺，或長或短的時間；然後在記得"亡者"的人全部忘記"亡者"的時候，死去。亡者的意志生命，活在亡者的成就中。直到沒有人在乎亡者的成就，在那個時候，亡者的意志生命死去。我們這樣四種生命，在肉身活著的時候，全部糾纏在一起，搶用肉身的時間。究竟我們一天24小時

要如何分配給四個生命呢？命運自營哲学的主張是這樣的：接受自己命定的條件，堅持自己心愛的人，事，或物，配合人緣和事緣，努力經營自己的一生。這是努力却不一定温順的生活態度。一個平凡的人，肉身和情感的平凡可以比較而自知；但是，他的靈魂和意志是無可限量的。只要堅持單項，努力去愛，那麼自己經營出來的，多半就是"無悔"的一生。台灣奇蹟正是許多命運自營的集合成就。自知長相和資質平凡，認真使用精力和意力，自然可以在平凡中製造出奇蹟似的一生。

18. 宗教—相信神明是萬能的。

有的中國人相信自己的祖先是神明。祖先們會保祐自己和家人。也有中國人相信土地公，土地婆，城隍爺，關公，孔子，觀世音菩薩，玉皇大帝，海龍王，門神，七爺，八爺，閻羅王，釋迦牟尼，…等等神明。對那些相信神明的人而言，神是不會死亡的，神永遠存在，而且神具有超越自然的能力。只要不把不同的神拿來比較，每一位神明都是萬能的。而且，比較或者是推理都是人的能力，而神是超越人的。神可以無中生有，但是佛教密宗的法術，只能夠搬運。所以，一切的邏輯檢驗對神明而言都是用有限去度量無限

的愚蠢妄想。好比說，假若神是永遠存在的，那麼神就不能自殺，所以神不是萬能的。又好比，到底在永生的天堂，神和那麼多已經上天堂的人，一天到晚都做些什麼事呢？又不必吃東西，不必大便，也不必洗澡。難到男生打橋牌，女生織毛衣，而中國人就成天的打麻將？這些凡人的想像力所能臆測的都只是用有限去度量無限的愚蠢妄想。對於相信神明的人來說，所有發生在自己身上的事都是神明藉自己的生命在辦事。只要順從神明的教導和旨意，自己死後就可以上天堂，得永生。就是這麼簡單明白。

19. 耶穌——愛所有的人，包括敵人。

孔子說："以直報怨。"這是大多數人都做得到的。也就是中國人說的"得饒人處且饒人"。也因為，事實上最好的報仇方法就是想辦法讓自己的生活快樂幸福，至少要比自己的仇人更快樂，更幸福。這快樂也許把對付仇人也包括在內，但是幸福呢，卻往往是不理仇人才辦得到；而人要快樂，除了對付仇人，還有很多其他的事可以做。是不是？老子說過要以善對待不善之人。到了墨翟的心中，變成了主動去愛人的博愛思想。他到處協助弱小的團体去抵抗侵略。他也就難免傷害了侵略者。

但是，他可也成功的阻止了一些戰爭。莊子說過要感化一個惡人，要先能夠讓自己和惡人共處，然後才能夠了解惡人，再來才能夠有效的改變惡人。這種精神已經把敵人的關係又改善了一些。人類至愛的精神要到耶穌的教導才終於出現。基督耶穌的教導是全人類所知道的教導中最崇高而且也是最簡單的一個。耶穌要人們愛別人就像愛自己完全一樣。愛所有的別人，包括自己的敵人。事實上，依照人們自己的凡人推理，如果心中充滿了愛意，而且只有滿滿的愛意，沒有其他的任何念頭，那麼，那一個人立刻掉入蜜糖一般的世界。根本是活著進入天堂，不必等到死亡。是不是？

但是對基督徒來說，凡人的推理是愚蠢妄想。對基督徒來說，耶穌是神。凡是不相信耶穌的人，死後就進不了天堂。而基督徒去愛非基督徒的方式就是勸導他們相信耶穌是神。

20. 默罕默德——相信上帝，死後升天。

可蘭經是透過默罕默德而刊印出來的。可蘭經和舊約聖經大同小異。可蘭經認為耶穌不是神。耶穌在可蘭經裡面只是一個先知，他的角色和施洗約翰没有太大的差別。而默罕默得才是上帝把旨意傳給世人的直接橋樑。可蘭經就這樣子,以自己証明了自己。可蘭經說上帝並不針對某一種族的人類特別珍惜。只要相信上帝,按照可蘭經上面的上帝旨意生活,死後必定可以進入天堂。全世界的任何一個人都有相同的恩典。不一定要相信耶穌的教導。不一定要相信聖母瑪利亞。只是一本經書,只要確實奉行,十分明白。所以回教信徒遍佈全世界。中國人相信回教的也很多。

21. 李洪志 — 法輪大法。

李洪志說相信他的人,只要修練真善忍,大多可以和整個宇宙共存。但是,必須透過他本人才可以得到法輪。照常理說,這個宗教也就是一個百年左右的宗教。他的法輪功利用呼吸和配合的動作來調養身体,改善健康。而健康的身体是人人喜愛的東西,所以相信法輪大法的人也許只有幾千人,鍛練法輪功的人,包括等不及法輪而自行鍛練有成的人,却是成萬上億的。法輪功的受益者很多,可是,也有不少受害者。因為有不少剛剛相信法輪大法的人"忍"不住,挺身和政府抗爭。假若他們對"忍"字多下一点功夫,也就不會因為李洪志來不及阻止抗爭而慘死。

22. 中國文化 — 氣功,把脈,中國菜,和樂經。

中國氣功的派別很多,法輪功是最新的一個。比八段錦稍為簡單一些。最老的氣功是黃帝的導納術。最受歡迎的氣功,静功是坐禪,最流行的是"打禪七";而動功是源於張三丰的各種太極拳。最簡單的是"生活氣功",只有一個原則,"只要不是休息或睡覚,就把腰桿打直,不工作的肌肉一律放鬆。"

嚴格說來,中医是人類文化的至宝。脈象理論是所有文明中最精緻的学問。针灸拔缶是最實用的工藝。而"藥石罔效,準備後事。"的文明處方,正是人口問題的出路。還有啊,中國菜,只要少放一些生意油,那更加是天堂才有的東西。只可惜"樂經"失傳了;憑空消失了調養心性的好音樂。但是在電影和網路發達的今日世界,"樂經"顯然必須擴大版圖。希望像李安導演這樣的人才多多努力,給人類找回全版"樂經"。

可供美國人和世界各國人士參考的中國哲学當然還有很多。但是我的才識有限,只好在此告一段落。謝謝您。3-5-06。

EP

品妍

2006年秋 〈中篇小説〉

要説清楚昨天那兩行淚珠就得從兩年前説起。兩年前，在小学畢業典禮的学生代表致詞品妍説過：「漢字無序是因為還没有找到好方法來排序，而不是因為中國人喜愛無序的自由。」她又説了些台北人還没有完成的事。總結好像説她們那一批小学畢業生可以做的，好玩的，又有市場價值的事一大堆，前途正大光明。當時我就想到禪的無序。中國人自古就喜愛自由，特別是精神上的自由。慧能在六祖檀經的一句「本來無一物，何處惹塵埃。」用禪理把老子説的「吾之大患在於有身。」正式定位下來。從那以後，禪就成了中國人最常用的精神解放工具。我當時原想問她究竟她説的無序的自由是不是汎指闖紅燈和吐檳榔汁？後來自己想得入神，回到現場的時候，人群已經走了一大半。我太太揶揄的看我一眼，説：「品妍剛才過來，叫了你一声。看你魂不守舍，閒你兩槍，裝個鬼臉走掉了。」

上禮拜品妍打電話來，約了昨天要帶她的死黨到後院採芭樂。她説：「法國人爭自由，美國人也強調個人的隱私權，我怎麼找不到中國人爭權力的資料呢？好好玩，中國人居然是爭義務。爭權力的只有那些搶帝位和官位的人。姨丈，到底中國人在古時候有没有自由的觀念啊？」我記得她的話，却忘了自己怎麼回答的。只記得説没兩三句，我太太就找我當司機。住鄉下地方交通不方便。從大賣店回來，我不自覺的把兩年前的思緒給接上了。其實禪的無序是自由的障礙。中國人喜歡頓悟以後的自由。頓悟或開悟以後，再回頭品味禪宗公案也許有趣；但是我想中國人在參禪的時候，並不欣賞公案。没有導讀的公案可以隨意

A3-4-01

解釋，有了導讀的公案也常常有不同的説法。完全不像做学問，一是一，二是二。我想中國人喜歡禪，但是不喜歡無序。也許當時品妍的意思是説因為中國人根本不喜愛無序的自由。好像一般人説的：「房間亂是因為没時間，不是因為我喜歡偷懶。」那個人根本不喜歡偷懶。就算他常常偷懶，他還是不喜歡偷懶。我就想，那麼，中國人喜歡的是有序的自由嗎？有序的情況下還有自由嗎？「日出而作，日入而息，帝力于我何干。」古時候鄉下的農人繳納一些田賦，有一種天高皇帝遠的自由却還是春耕夏耘秋收冬藏，按時作息。這可以算是有序的自由吧。

其實禪也可以是漸悟的。漸悟得到的開悟也可説是有序的自由。老子和慧能只是把中國人的本性説明白了。他們的言論並不能增加中國人的智慧。只因為他們的好句子總是引發中國人心中喜悦的共鳴，所以每一代的中國人都捨不得把它忘了。那些好句子也就這樣代代傳了下來。開悟了，心就自由了。除了精神上的自由，對中國人來説肉身的自由更是古早的文化。太極拳式和禪七打坐把黄帝的導納呼吸養生術充分推廣，變成可動可靜隨意可行到處可練的全民運動。對中國人來説，想要多活幾年或者想要活得健康一些，方法很多。只是要額外花一些時間。法輪功所以盛行一時就是一個活生生的例子。

開悟給人心自由而氣功給人身自由。印度的瑜加術也有相同的效果。人身自由練到極端可以把生命力移出肉身，像氣功師為人治病和傳説中的元嬰出竅。可是那種成就是有

A3-4-02

代價的。要花很多很多的時間去練功。而且，天生的体質不佳，進度就慢。由結果來看，因為健康而延長的壽命大約就等於把練功所花費的時間全部加在一起的歲月。中國人說生死有命也許正是這個意思。

就我的觀察，法輪功比瑜加術更容易着相。着相就是被深深的吸引住，忘了自己一生的重心。瑜加術和中國的導納呼吸術是相通的。利用平靜的心情和緩慢的動作把呼吸加深拉長，讓身体裡面的氣；也就是能量或者叫做生命力；順暢的循環，走到各角落去治病。一般人平時沒有病，所以練習瑜加術不容易着相或着迷。

法輪功却提供一個白日夢說練法輪功可以和宇宙長久共存。這個白日夢比釋迦牟尼的涅槃神話容易了解多了。法輪功和涅槃境界完全不理人類天生的情義需求，更加反對後天的飲食男女樂趣。法輪功学員要修長生之術，所以盲目的追隨宇宙之王。佛門弟子要跳出六道輪迴，所以無聊的冷觀今日世界。總之是有不少中國人着迷於外道。

在正道裡頭，自食其力又活潑生動的禪宗是比守禮重義又講仁教孝的儒教更讓中國人真心喜愛。然而，大多數的中國人對於禪宗的道理都只拿來欣賞。看完了，放在一旁，知道從此心中踏實了。好像憑空多了一個知己，發現老早以前也有人和自己一個想法。因為大多數的中國人深深知道秩序的滋養；對他們而言，禪宗只是一種風味。風味讓食物可口，但是只有風味是吃不飽的。

大自然四季循環而萬物生生不息。對中國人而言，那就是人生

品妍 EP③

最高的指導原則。所謂天行健君子以自強不息就是一種對於秩序的崇敬從而深深相信人生永不止息。中國人的生命活力來源就是自強。自強的信心則來自天道秩序。自強的強字當然是勉強鼓勵的意思。所以禪宗提供了佳美的自由，大多數的中國人只是笑笑的說：「不要，多謝。」所以氣功提供了健康的秘方，也只有少數天生的武林高手認真對待。大多數的中國人甘願為了生生不息的理想而拼命自強。

為了讓自己的後代有較好的日子，大多數中國人勤勞努力，只為了替自己的後代預備一個更加美好的生活環境。雖然他們喜愛自由，而且自由也已經垂手可得，他們却投身大自然生生不息的秩序，甘願自囚心中對後代的深情真意。

我很同意品妍的看法。中國人很希望找到好方法把漢字給排出秩序。而且進入21世紀，這個希望已經被逼成了渴望。於是千百種的秘密工具在電腦裡頭組合起來。對於2006年的中学生來說，只摸過一種漢字輸入工具的人是無法在未來的工作環境中和他人競爭的。因為大家都用過的讀音輸入法，不論附加多少功能，總是慢。像品妍這樣住在台灣的中学生是最倒霉的。由倉頡，行列，大易或者是華夏，嘸蝦米，又回到大新倉頡；把学生刮過來掃過去。明明知道沒有任何一種輸入法是最後的統一輸入法，可是為了將來的飯碗却不能不練好一種秘密武器，至少可以在家裡頭打好報告。学成還得衷心期望這個武器不要在有生之年被市場給淘汰了或者為了過時的系統軟体而殉葬。去年春節團聚品妍說「再背第二套字根表真的很容易和第一套字根表混在一起。要自己

品妍 EP④

編一些口訣把該分開的給釘上IC，用到的時候讓它們自己報數。打死我也再不去学第三套字根表了。」當時我說：「不用怕。功不唐捐。只要漢字不改，任何一套中文輸入法都可以使用一生的。萬一軟体跟不上流行，就同時使用兩種系統軟体，還是能夠生存下去。」

大陸的学生比較好命。至少学拼音比学注音輕鬆一些。他們經歷的電腦災難也比較短期，比較輕易。五筆輸入法或筆劃加拼音都比行列輸入法容易。然而，最幸運的是香港的学生。來一些自由倉頡，加一些粵語輔助，又有說文系統，又有大陸的導碼，是最自由又最先進的區域。最尷尬的是海外地區。海外的人只有靠讀音輸入法。不論是倉頡還是五筆，在海外就是缺乏壓力，無法推展。勉強有一個GeoStroke把四角號碼選擇主字塊再加四角。一般人都是用讀音輸入法。所以美國的AP中文只好採用微軟的拼音和注音輸入法做為考試工具。在2006年，實在也找不到一個標準漢字輸入法。

陳省身先生說：「21世紀將見中國數学獨步。」假若漢字無法排序，數学獨步恐怕將是一句空話。文字和數学都是造形的学問。數学歸天下人所有而漢字只歸中國人管理。所謂自立立人，就好比不會游泳的人千萬不要下水救人。如果中國人連漢字造形都理不出頭緒，又如何替天下人整理數学造形？只怕人没救到自己先淹死了。給漢字排序和在數学獨步都是範圍固定而天機隱現的工作。在同類的工作中，西方選擇了音標文字。然後他們丟開文字的負担，全力研究數学造形。又因為打字機的發明和

電力的發現，出版事業突飛猛進，把數理邏輯的研究成果向全世界介紹出去。大家都知道了數学的歷史。原本中國的應用數学和印度的造形數学是遙遙領先的。後來西方出現了一批天才，終於超越了中印的成就。而今就差神來一筆，把一個完整的數学系統給架構起來。像那質能互換公式把物理系統放入定位。〈這是真的嗎？〉

漢字也是只差一個好辦法把所有的漢字理出一個頭緒。陳省身先生預期人類最基本的數学造形可以在21世紀由中國人合力完成。我相信比人類基因排列更簡單的漢字排序必定能夠在2008年以前出現第一版排序。

我個人也老老實實的為漢字排序花了不少時間。一個漢字正正當當寫來就有許多種字体；再加上不正當的俗体字和偷懶的省筆字，也就是在大陸推行的簡体字；要把全部的漢字都給編上號碼確實是不容易的事。

昨天品妍來玩，她一向十分靈精，我就問她說：「給妳10個人手，給妳所有的字形資料，妳怎麼開始去排這些漢字？」十四歲的她聽到有人手，不必自己下廚洗碗，眼珠一轉答案就出來了。「最簡單的方法就是先把楷書的公認標準字体排出順序。然後呢，其他的寫法一律編到"字形"裡頭去。好比甲骨一號字形，甲骨二號字形，金文一號，乃至於簡体字形。這樣子就排完了。」她眼珠再一轉，說：「做這件事有多少錢可以拿啊？」我說：「妳要是真的能把標準字体排出容易記憶的秩序，那就有機會享受一生的專利抽成。」她眼珠子不動了，盯著桌上

的資料，点点頭說：「有了，就像英語字典一樣。這順序是由頭排向尾巴。所以隨便一個字，只要由字頭看到字尾，那個字的號碼就出來了。而且查字的順序是由最左邊的數字先比大小；好比先翻到第134個字，才翻到第16個字，而第3個字在更後面。這樣子就順手一些。」說著眉頭一皺：「可是字頭的形狀就有上百個呢！好像不太好玩。如果用數字來排肯定是兩位數或三位數才能把字頭的形狀排完。」接著她用手指頭在桌子上敲了敲，又敲了敲，下定決心的說：「就是兩位數吧。姨丈，你說要不要用"00"這個數字？」看她興緻勃勃的模樣我就詳細說明：「數字碼總得合成數字。假若用了"00"，那麼後面接上數字以後合成的數字仍然是新接上的兩位數。例如接上"15"，那麼"0015"和"15"就分不出大小了。"00"不可以用。」她把頭晃過來又晃過去，停下來，又轉了轉，然後瞪著我說：「姨丈，接下來怎麼辦？」我笑了笑：「都在桌子上，選兩樣來編字根表，妳選什麼呢？」她歪著頭，把字典翻開部首索引又把常用標準字体表翻了翻。接著盯住部首索引，左手用眼睛餘光去抽桌架上的橫線紙，抓了幾次都差一些。我拿了兩三張，放到她的指頭下。她才拿住了，說：「謝謝，我要開工了。一筆劃的部首有六個，橫直点撇彎鈎。大陸的五筆輸入法只用前五個。点橫直撇彎。在部首中，橫是重要筆劃，可是点常常出現在頂筆。到底該由哪一個帶頭？數字一是橫筆，就以橫筆先排吧。二筆劃的部首有23個。姨丈，我的凵都寫成一筆劃，還有冂、匚、厂和弓。老師說廣告字体可以有三角形的口和圓形的口。改得過來就改，改不過來就算了。只要不當小学老師，不搶他

飯碗。到底可不可以把它們當作一筆劃呢？它們是可以一筆劃寫完的啊。小時候我的弓字都是兩個紅圈圈的呢。對了，到底誰出錢啊？還有10個人呢？都是你指定的還是可以讓我自己挑？」她實在要得，嘴巴不停的說，手上把部首一個一個抄上去，還編上一個兩位數。甚至還可以注意到把八放在已經編号的"人"部首裡面。我趕緊喊停：「停，暫停。像這樣隨意編號叫一般人怎麼去記啊？倉頡才用了24組字根大家都在哎哎叫了；妳編個99組的字根要多花点心思去安排。先不寫編號；把用得上的字根分組分好再研究順序和代碼。記住容易記憶的字根表才能打進現在的市場。」看她還是一個一個寫下去，只是不寫編號了。我接著說：「只要妳的字根表好記，自然有人出錢來做。至少我可以說服妳三姨和二姨丈共同投資。如果是超級漂亮的字根表，還可以申請研究經費找大学畢業生來共同完成細節。」她筆一停，看著我大笑起來說：「姨丈騙人。這麼簡單的事還叫大学畢業生來做？」她拿起一份中文輸入法，說：「你看，好像這個發明華碼的人。他一個人完成了字根表，再隨便找幾個小学生都可以幫他把所有的華碼寫出來，甚至打到電腦裡頭去。姨丈吹牛皮，不玩了。」說完站起來，右手筆一放，抓了一把桌上的花生，說：「謝謝好吃的花生。」品妍頭髮一甩就要走出我的書房。我趕緊說：「品妍，給妳看一樣東西。」她轉頭看看我手上幾張不起眼的資料，嘴裡忙著，只用眼睛打個問號。我說：「我的字根表。」她兩眼一瞠，又問了一次。我朝她点点頭。她趕緊走回來，拿了資料，邊看邊坐回書桌，說：「哇，字首碼，98組字根表。」我就稍加說明：「看起來不錯吧，

我想了30年，試了許多52組字根表，總是和別人做的沒有太大差別。一直到今年4月才碰上絕妙的流年，突然想到這個98組的解答。差不多就是妳說的99個字根。假若妳早生幾年，也許中文輸入法已經由倉頡和五筆統一為品妍輸入法了。」她沒理會我的話，一頭栽入我的"字首碼"字根表說明。看了好一會兒，說：「是嘛，我就認為口也是一筆劃。我支持你，姨丈。我找人幫你把字碼都寫出來。你只要出一些糖果錢就好。可是我得先弄清楚它，才能教別人怎麼去用。為什麼區別碼要由尾字串去取？而且先把字串的頂筆拿掉才取區別碼？」這女孩子真是女中英豪，一下子就找出機關。區別碼是字首碼規則裡頭最不自然的規則。這得好好說明一下。

「大約214個部首只用49個字首和49個部首一共98個符號來代表，所以一定有些不同的字共用一個代碼。為了把這些重碼字也排出順序，我們就加上區別碼。對不對？」她点点頭說：「有一個可以不加區別碼。」難怪她的數学老是考滿分。我說：「對。選一個常用的字不加區別碼。其他的先加一碼。再有重碼呢，次常用的字保留加一碼的代碼，其他的加第二個區別碼。這是自然的方法。那麼人為的方法呢，我給區別碼製造相異的機會。我做了兩個安排。第一個和許多的中文輸入法一般，利用尾字串。第二，把尾字串的頂筆先拿掉，增加相異的機會。例如千，干和于三個字很像。把原來的代碼給千。剩下的干和于要取區別碼。假若直接取碼，多半同碼。去掉頂筆以後，干和于的相異處就突顯出來。把頂筆取走就是第二個安排。假若只有一筆，那就直接取區別碼；由尾字串去取碼已經是個有利的安排。」我說得不三不四的，她也只是敷衍的点個頭，其實

品妍 EP⑨

A3-4-05

已經在動另一個念頭，右手食指比了一個山字，說：「姨丈，你這個規定有問題。先取完左字塊的筆劃，再取次左字塊的筆劃。有時字塊是分不出左右的，像幽。照你的垂直分割，可以分成三個字塊，山和幺，幺。可是山並不算左字塊，對不對？」哇，真不可以小看這個女生。我就更正說：「對。要改成以字塊為單位，先取完包含左筆的字塊的所有筆劃，再取剩餘部分包含左筆的字塊，一直到取完該字的筆劃為止。這樣就比較正確。是不是？」她說：「規則是明白了，可是用垂直線來分割字塊，對小学生來說好像有些困難。像三点水的清，由上面畫垂直線段先碰到青字的第三橫筆。很可能把二点割成一個字塊，把上挑和青割在一起。那取出來的代碼就不一樣。我剛才想，可不可以不分割字塊，直接用左筆字串來取碼。那樣規定，再來取清字，不論怎麼寫，三点水都是最早取走的筆劃。」這可不行。我當時就在常用標準字体找了四個字，邊寫邊說明：「妳看這四個字，思，享森兄。我把"口"規定成一筆劃已經破壞了傳統筆順的佈局功能。如果只論左筆字串，上列四字都是上窄下寬的字。妳把它們倒吊起來取碼是存心搗蛋對不對？」她用左手把我寫的字倒過來看，自己笑了起來說：「這些大肚鬼，吊死它們。」我說：「不要急，看看在垂直分割以前要先做什麼動作。」她拍了一下自己的腦袋，說：「什麼退縮。可是你又說可以不管那個動作，所以我就沒去在意它。」她翻出垂直分割那一頁：「把相觸的和突出字串方塊的筆劃退縮，沿著垂直分割線向左右退一些，以利垂直分割字塊。假若已經熟悉一個字的字塊，筆劃退縮的動作可以省略。你看吧，可以省略。存心不良。」

看她好像還不放棄左筆字串的做法，我就強調字塊，說：

品妍 EP⑩

A3-4-06

「漢字的基本結構是長方塊。可是呆板的把兩三個長方塊結合成正方塊既不好看，也不容易寫。所以清字寫出來原先的長方塊邊界就被一橫和一上挑給分割成三段。甚至第一個点也可以湊熱鬧。我安排的筆劃退縮就是要還原漢字的長方塊結構。如果妳規定先取左筆字串會製造更多麻煩的。把大肚鬼倒吊就十分違反傳統，那是很難賣出去的規則。」她根本不理會我在說些什麼，連点頭都懶得敷衍，継續想她的字首碼規則。看看我的98個字根，翻翻常用標準字体，又比照一下部首索引，弄了好一會兒，這才滿意的，又有点失意的說：「字串是根據相觸的定義來確認的。要把相觸的筆劃還原成相離的筆劃才看得出字串，也才能進行筆劃退縮。可是你自己看看你寫的定義；把一個字縮小，字裡頭有些相離的筆劃會變成相接的筆劃。這種由相離到相接的筆劃關係叫做相觸。那麼重要的関係怎麼可以這樣賴皮的混過去？你說啊。」她半側身子斜眼看著我，一臉深思的憂慮。我這才發現兩年多没留意，這個黃毛丫頭好像一下子變成大人。而且有很亮麗的外形和深海般的心思。會有更多的才子對她一見鐘情再見忘形。我就知道她遲早要找這個麻煩。她喜歡清澈見底的水，我的相觸関係說了好像没說，她當然受不了。可是漢字在橫筆和直筆對打的時候，是初学武功，這馬步啦，弓箭步啦，明明白白。一旦遇上斜撇就開始大幅度扭曲。單鞭，攬雀尾，抱虎歸山，這些双手和双脚相互的関係究竟是不是碰上了，只有對打的人知道，在外頭看的人實在說不準確。再加上点，它是一個内功高手，明明没有碰到對手，可是對手說真的挨打了。漢字筆劃之間甚至相交的筆劃都可以寫成單橫的筆劃，草書就多得是例

呂妍 EP⑪

子。這相觸的関係啊，原本就是鬼打架，鬼才看得明白。我就問她：「妳認為要怎樣改比較明白？」她坐正了，一面翻翻常用標準字体表，一面搖頭說：「我就是找不到說法才賴到你身上的。」看到她鼻子皺了一下，果然声音帶著煩惱的氣息說：「怎麼辦？」她居然就這樣投入了。看來如果没有一個好答案，她是睡不著覚的。在她小学五年級的時候，為了一個魔術方塊都可以兩天不睡覚。我試探的問：「是有個理由，妳要聽還是要自己想？」她馬上渾身是勁，咬著下嘴唇；用左手姆指頂著下巴，挖啊挖的；右手在常用標準字体表上方，微微点動，好像在一個一個字兒檢查下去。她右手把第一頁翻開，掃瞄一下第二頁，然後把左手放下來在第二頁拍了拍說：「有部首偏旁的，像人字旁，至少可以歸類。不想了，你來說吧。」其實我是大致看過牛津漢英字典的五千漢字，並没有存心檢查字裡頭的相觸筆劃。只能說個重点，没有細節：「由垂直分割的經驗來檢查相觸的筆劃関係，点和斜撇該接該離都十分清楚，可以說是全自動的向左右讓出垂直切割線。只有在水平切割時才出現難題。再看尾字串，最後一点往往是個獨立点，人字点或厶字点。不像在中央的点，四面八方都可以相觸。而且就算没辦法決定尾字串的範圍，還可以用電腦來找出那一個人工規定的答案。也就是在重碼字的名單中去找。反正需要區別碼的時候，一般也只有三兩個字。查字典時往往也就是下一個字。所以我說，這個相觸的関係由放大鏡去決定應該就足以完成那個把漢字編上序號的小工程。」她把常用標準字体表又核對了前後十多頁，点了点頭說：「是橫切比較麻煩。可是字首碼不橫切中段，那就不管它了。我來看看49組字首碼好不好記。」她把桌面整理整理。分兩類堆到桌架上，只留下我的字首碼字根表和說明。

呂妍 EP⑫

「你用了26個大寫字母和23個小寫字母。為什麼不用小寫的q,s,u呢？嗯,s和u大小寫類似。可是c,v,w,x都有類似的大小寫。總之,存疑。先看q。小q有門字的右邊可以選它來代表啊。我看到門字了。門為什麼在大M？不要說,我自己看說明。」我想這個女生一定是去年年底就變成天鵝了。去年聖誕節她問過我太太一個戀愛問題,我還當過幕後軍師。現在看著眼前的模樣兒,怎麼也想不到人一拔高,腰部竟然會細成比光碟大不了多少。她小時候渾身胖嘟嘟,好像怎麼摔跌都沒事。她的臉上和手腳也的確傷痕不斷。可是那些傷痕都到哪裡去了呢？假若說女大十八變,她是十四就變了。也許小学畢業那天就變了,只是我沒看到。她突然開口說:「現在我來給你解說對稱形和双併形的字根。大M像兩邊對稱的造形所以凡是兩邊對稱的漢字一律用大M帶頭,只取左半邊的筆劃。所有對稱而不成字的形一律用大M代表。大M代表的字是北,而由大M分出去的部首是門。小m呢,代表兩邊重覆的,啊,錯了錯了。」她一邊笑一邊站了起來,走到白板前面,拿了藍筆,說:「學生要坐好聽課,坐下來,這一節是很重要的。我們現在要講的字根是對稱形的字根。最簡單的就是像英文字母小V和大A的字首。小V代表左点和右撇的對稱形和在下方接一橫線的字首。像這個形狀。"丷"。我們給小V這一組選的部首是"羊"。因為我們強調的是字首的形狀,沒有尾巴的和斜尾巴的羊也都歸給部首符号。這個大A對稱形就是八字還有相接的人部。這個人字假若寫成楷書那就不是對稱形,只有印刷体的才用大A。所以我們不叫它人部,叫它帳頂。大A還包括內部的獨立点,

品妍 EP⑬

A3-4-07

和獨立橫。大A本身就有一橫。大A包括食字和食部首。至於在大A這一組字首中的代表部首,是一個大族群的部首。猜猜看是什麼部首？猜中的有獎。」我趕緊舉手說:「我要猜,我要猜。」她說:「那位黃同学不要吵。讓其他同学有得獎的機會。李六你說說看。對了,就是金部。下課到我的辦公室去,自己挑一個計算機。記住了,小v的部首是什麼？羊,對了。我們把部首用ㄟ代表。大A的部首呢？對了,是金部,我們用Ǎ這個符號代表"金"。那麼比較複雜的對稱形呢,我們用大M帶頭,然後只取左半邊字体的筆劃。你們看,大M就是左右對稱的形狀。我們來看一個例子,非常的非。先寫一個大M,然後左半邊是兩個字根,一撇和"三"的模樣。哎,還是不對。」她把藍筆指著"Ǎ",說:「姨丈,你的資料我還沒讀完;為什麼用上這些怪符号啊。我看到你原來的符号是只有一半高度的扁大A和扁小v,那樣的安排簡單明白,這裡為什麼加了這些外國人的符號？原先我看到扁大A這個名詞,還想到說假若98個字根還分不清楚214個部首,那麼可以加上瘦大A,只有一半寬度的大A,那就有147個字根;必定可以做一個你說的超級漂亮的字根表。這扁大A寫成長角的大A,扁小v寫成戴髮簪的小v,會不會把客人嚇跑呢？我剛剛寫的時候,渾身不舒服,寫完還想揍它兩下。」說著用藍筆在Ǎ和ㄟ上頭叉叉圈圈的亂塗,然後甘願了,蓋上筆套把筆交給我說:「換你當老師。」一屁股坐到双人沙發右邊的空隙,一扭一扭的把我擠開。她小時

品妍 EP⑭

A3-4-08

候到我家最喜歡坐在我的懷中，要我握著她的手寫字。說是她爸爸寫的字不好看，要學我的字。可是當時那麼近的距離看到牛仔褲和T-Shirt中間那一段雪白的腰身我心臟不由自主的狂跳了幾下趕忙站起來，接過藍筆，一邊說：「這個也有一個道理，可是妳說的更有道理，我不應該先用了半天的怪符號才在最後說明用那些符號的理由。」一邊坐到書桌旁邊的小椅子上，而一邊在想怎麼處理她這種自小養成的習慣。更早些，我聽到她來了，才下到樓梯口她就拉著上儀衝過來，拉住我的右手膀，然後她的右手放掉上儀，一下子比比上儀說：「她是我的死黨，上儀，董上儀。我們也是爭班上第一名的死對頭。上次月考她贏了，可是期中考我遙遙領先，只有英語成績還沒下來，她是輸定了。」說完向上儀做個鬼臉，右手比向我，我趕緊趁機把她的左手掙開，伸出手去說：「謝謝妳給她一些教訓，好教她知道人外有人。我叫黃士水。時常被她糾正的姨丈。妳們要喝果汁還是POP？」兩年多沒見面，一下子她的頭都到我鼻子那麼高了。上次近距離看她是五年級的暑假吧，和她們一家到海邊玩水也沒見她長多少，大約還不到我的肩膀高。她抱著我的手臂，拉我去找貝殼；我還是當她小鬼頭一個。一天到晚打電話問一些怪問題。這一次在掙開的時候覺得再晚一步就難免碰觸她已經成型的胸部。再看到上儀的加倍高挺，和上儀握手時就提醒自己千萬避嫌。

後來她聽說我在弄漢字的秩序，她就不跟上儀去採芭樂，到我書房。她說過兩個男生在追她。一個是打籃球玩電吉他的，一個是玩電腦要開工廠做電子書的。她比較喜歡電腦那一個，可是吉他那一個又甩不掉。兩個都是高三隔壁学校的風雲人物。今年剛剛考上大学。品妍就希望馬上有人把那個吉他給追走，一方面也讓上儀死了心。那個電腦，根據我太太的轉述，就長一個四四方方的螢幕臉，已經有些他的電腦遊戲賣得不錯。台灣微軟和他談過一次，可能是溝通不良，也可能是他要追上日本而不是賺高薪，所以沒有後續接觸。可是那個吉他啊，已經害一個女孩子為了他自殺未遂。很帥很帥。開学快兩個月了，我太太說的，還在約國三的品妍去聽演唱會。品妍拒絕了，那個吉他說自己要開演奏會，讓品妍知道他的功力，要品妍先答應到時候一定去聽。品妍想想說要兩張票，而且電腦想去聽她才會去。我太太當時正好在她家，看到那個吉他居然也不在意。說：「一言為定。」要握品妍的手。品妍把手交在背後說：「一言為定，不必握手。再見。」沒讓吉他進門喝杯水。我太太說兩個男生是同班的，都是電機系，忘了是什麼組。後年那個電腦有可能直接到日本讀碩士，他在高中就修了許多大学的学分後年年底就可以畢業。所以品妍也有点煩惱這個近水樓台的問題。也所以電腦又想就在台灣讀書等品妍高中畢業。又說其實品妍英語那麼好，其他科目看看考古題都可以考過高中同等学力，就可以一起去日本讀書。可是品妍還有一個死結很難解開。電腦晚上在空中教室修日語的学分，品妍就是不喜歡日本。学了幾次基本會話，記是記住了，發音也蠻單純的；却還是聽電腦說的多，回應得不情願。有時電腦急了，品妍也有点替他難過。誰讓日本的應用科技遥遥領先呢！德國也落後一大截。品妍倒是很乾脆。我太太說她真有俠女的風範。聽說品妍答應等電腦三年。三年期間誰也別想碰她的身子。說她要是被強暴了，電腦在意的話，她可以立刻自殺。但是，感情的事很難說。假若她在三年以後還要等下去，她就會開放她的心房，一切但憑天意。她只能替他守三年。她要電腦自己決定。又說假若電腦在日本有了新的戀情，她也不怪他，因為女的追男的總是容易一些。我太太說「時代變得太快了還是品妍早熟呢，才國三的小孩子，做事說話比老太婆還更世故一些。可有時又調皮搗蛋。」我太太還聽說電腦馬上捧住品妍的臉說品妍不可以自殺。說他真的不在意。而且，假若品妍不墮胎，他也會拿小孩當作親生的。他說三年應當足夠了，假若明年太趕，他就在台灣拿了碩士到日本讀博士。才大一的學生。我太太說她四姐也拿這個準女婿沒辦法。一心要闖出大名堂來，她的女兒也只好跟著受罪了。

其實這種事，我是說我自己心中有鬼的事，根本無從說起。我把最後幾頁找出來連同字根表一起拿去给她，然後邊走邊說：「這扁大A和扁小V的讀法在正式教学的時候就没辦法讀碼。例如妳剛才提到的非字，

品妍 EP⑰

A3-4-09

讀成大M大Y大E，妳說煩不煩？」她接過紙張，有点興緻的点点頭。我拿了筆在白板上寫一個"悶"字說：「這個門就是大M的代表部首，心呢是大W的代表部首，悶的字首碼是兩個字根組成的。像門，鬥，和"癶"；不要驚訝，這個字就是讀做ㄅ；這些部首是不能垂直分割的。要當做一個大M的字根來處理，而門就是扁大M。鬥的字首碼是大M大F以七，癶的字首碼是大M小ㄛ。合理，對不對？所以呢，悶是一個字塊。悶的字首碼讀成扁大M扁大W。兩個位數就讀成六個字是太可怕了。而且寫成只有一半的高度，機器辦得到，上課的老師可辦不到。怎麼辦呢？全靠老天的巧安排。漢語不是有五個声調嗎？」她把紙張放在沙發上，兩手大力鼓掌說：「Yeah！姨丈好棒的。所以大M是第一声，小m是第二声。扁大M就是第三声，加一個第三声的声符，扁小m就只好帶上髮簪了。那麼瘦大M是第五声，可以加上一点，瘦小m呢？怎麼辦？」說完兩手一攤，看著我，等我的答案。我說：「漢語的地方語系有些別的声調，像台語有七個；第六個是好像音樂音階的DoRe，而第七個就是Re。我們可以把瘦小m加上右翹的髮簪，因為小m不必加上第三声的声符。」她眼睛一亮：「嘿，這麼方便。我來合合看。第一声可以是Mi，第二声是ReMi，第三声是ReDoMi，嗯，是ReDoRe嗎？第四声也合不上音樂音階啊，第五声，輕声，拼音還說是無声調。那麼第五声在市場上要怎麼賣啊？好玩。姨丈，這個第三声有問題。我啊，有啊，怎麼都只是Do的音階呢？小学老師說是先降後升啊？」這孩子音感很好，就是没耐性去学

品妍 EP⑱

A3-4-10

樂器。我說：「我同意妳的說法。看看我給妳的資料我就是用Do來標第三声的音高。這第四声我用MiDo。然後註明Mi的音程非常短。妳試試看，先用相等的MiDo去讀"義"，然後漸漸把Mi的時間縮短。對不對？第四声就出來了。至於第五声，我用Do#。輕声在高音後面讀較低的音，在低音後面讀較高的音，其實都十分接近Do#的音高。把第五声規定成Do#又合實際，又容易教学。加上声符，寫起來就不必管字的高度只有一半。讀起來也就一個符號一個音節。把英文字母加上声調正是兼取兩種文化的長處。難怪妳要拍手。要不要試試看，用字首碼把常用標準字体抽樣解碼？」

她看了看字根表，輕声讀起來：「B，第一声，是相疊的D或右上角字首，包括三個疊起來的"彐"是給因為的"為"用的，還有加一撇是給另一種寫法的"爲"用的。B̌，第三声，是阜部首或邑部首，就是左耳旁和右耳旁。B的一碼減字根有乃，及，和了。C，是開口向右的凵形和類似結構包括臣字而匸取的代表部首是匾。D是開口向左的凵形和中央加上一横筆的字首，包括爭字的下半部，Ď是弓部首，而減字根有尹字。E是三筆劃相疊，其中至少有一筆劃是横筆。Ě是五部首，就是"王"字。減字根是"壬"。姨丈，這減字根會不會太多啊？」我說：「減字根在完全版的字典中就不是問題。完全版包括不利用減字根來排序的索引。按照一碼減字根本來的多碼所寫出來的字首碼去找也可以找到那個字，但是沒有詳細說明，只是找到那一個字的正規字首碼。而且，減字根就全部排在字根表中。不必立刻背下來。多查幾次字典就熟悉了。天下原本没有白

吕女开 EP. 19

086

吃的午餐。對不對？」她点了一下頭，再継續看字根表，馬上又搖搖頭，說：「姨丈，你能不能用十分鐘把其他的字首和部首說明一下？這樣子就不是白吃一份午餐，我是点了LUNCH SPECIAL。」她就是只喜歡挑戰推理，挑戰記錄，受不了枯燥的工作。

「我們就由單段的部首開始吧。横直点撇彎鉤。看好了，一横有丅和丁。我想，現在還是用大丅和大丁來說明。我選大丅。大丅除了代表横筆也代表丅字形和表上列出來的第二筆變形。扁大丅是石而減字根有正下兩三個字。大丁代表丁字形以及在横筆下方有兩個筆劃的字首。另外，還包括在横筆或斜撇下方有三個筆劃的字首。扁大丁是酉部首，而減字根有不西爪三個字。接下來看二横筆。在字母中，只有大Z和小z有二横筆的架勢。大工的二横筆一方面比較短，另一方面大工和大H，是轉90度的関係，另有用途。我選大Z來代表"二"，大Z本身又像乙字；另外和Z有関的是之字和它的變形辶部首。這就要插播一段象形的例外。因為由点來帶頭的字首很多，不能夠用小i和小j來分攤完畢。所以，我們把單点，直疊双点和三点都歸給小i。第三点一般寫成上挑，而三点水就是扁小i。我把点加上直，直鉤，撇，和捺鉤都歸給小j。扁小j是犬部首小j有弋，寸，和丬字形。減字根有戈和簡体部首门，讠和戋。然後把其他由点帶頭的字首分攤给大F，大Z，小z，小y，小b和小h。這大Z分到的是之字和辶部首。扁大Z包含之字，廴部首和乙字。除了這個扁大Z，其他扁部首包含多個字形的只有扁大B和扁小v。扁大B是兩種耳朵旁而扁小v是三種羊。其他的扁部首都是一個符號只有一個字根。現在我們再看三横。

吕女开 EP 20

三橫包含在妳剛剛看過的大E裡頭。扁大E和減字根妳都看過了。現在看第二類，直筆。基本上筆劃有相離，相接，和相交三種常態和相觸的臨時關係。在橫筆時相離就大多是相疊而直筆時大多是相併。單直筆用小l代表。扁小l是巾部首，小l代表直鈎，聿，內，和冉字。我想妳手上有字根表，就不必寫白板了。」我寫完"冉"字首，把藍筆蓋上，放好，邊走近她邊說下去。

「双直筆用大N代表，因為大H要代表一個大部首，"艹"或著寫成分開的双十。分開的双十不在小m。剛才妳的小m没說完。小m代表双併的複雜字根。因為小m字根表的第一個字根"卝"和草字頭原本不同，所以編給小m。可是有的印刷体已經不印"卝"這樣的字首，所以我也把勸護放到草部首的寫法裡頭。小m的字根還有比，扁小m是羽部首，而一碼減字根有双和林。大N代表除了大A，小v，大H，小j，等一下會提到的大X，大V和已經提過的大M，小m以外的兩筆劃相併的字首。扁大N是"刂"部，讀做刀。而大N包括牛部首和無尾牛以及斜尾牛。凡是三個筆劃相併的字首都歸小w。扁小w是豎心旁而小w包括火字。減字根有小"和"川"。凡是四個筆劃相併的字首都歸大W。扁大W是心字而大W有业，減字根有"必"字。」

我發現她左邊的睫毛靠鼻子的五分之一左右被削去一角，最靠鼻子的睫毛只剩一半長度。她媽媽說過，也不知道為什麼生了這個外國人。小時候鼻子扁扁的，眼睛是一直蠻大的。可是睫毛没多長啊。誰知道鼻子越長越挺，睫毛也越加濃黑，又長又翹。還拿出照片給我太太看。我也有同感。她小時候

A3-4-11

只是眼睛大一些，眉毛和睫毛並不像洋娃娃。印象中她的睫毛是直的吧，不像現在有点兒捲。由左邊看去，左眼靠中央的比右眼靠尾巴的睫毛短了將近一公分。一定是被剪掉的。多半是賭輸了。我覺得看美麗的女孩子真有無比的愉悅。我太太說看那個吉他也很享受。

「我們先把橫筆和直筆說完再看点和撇。這彎角的字形缺了右邊彎和右下角。我們由左上角開始。左上角是大F，包括厂和加点的广。扁大F是疒部首。大F也包括一些左上角的變形。右上角是小a。除了右上角，也包括帶鉤的和橫筆在右端向左下方撇去的橫鈎筆。扁小a是刀部首，小a有右上角的各種變形和"了"字以及"𠃌"字形。減字根有簡体字习和马。左下角是用大L代表。包括彎鈎，捺鈎和小角度的左下角"∠"字形。扁大L是"糸"部首，大L有"厶"字而減字根有幺和也。左邊彎角是小c，有c，く，和巛。扁小c是女部首。減字根有《。上彎角和下彎角分别是大A和小v，已經被妳講完了。大V呢，是在"丷"字形的下方有二線段的字首和部首。扁大V是酉，大V包括兼並兩個字首。六個折角，也就是彎角，看完了。我們再看凵字形。大C和大D看過了。向上的凵字形用大U代表。扁大U是山部首而大U包含凵和廿，減字根有"甘"。向下的冂字形用小n代表。扁小n是月部首，小n包括冖，冂和几字，減字根有"且"和"丹"。最後一種彎折的筆劃是口。大口用大O，凡是在取碼時在口內有筆劃時，那個口就用大O來代表。扁大O是日部首，大O還包括囗和日。曰是全寬大於或等於外框高度的"日"字形。大O的減字根有回和田兩個字。小o有兄字首，扁小o只有小口。到此為止彎折的字形就差二個，小z和大S還沒有介紹。」

A3-4-12

她敷衍的点個頭，站起來。眼睛盯著字根表，轉移陣地，坐回書桌旁邊的小椅子。然後拿了一張紙，一邊寫上英文字母，一邊嘴裡唸唸有詞。聽到我中斷了，說：「繼續啊，彎筆只剩下S z。慢一点，等我把小寫也抄完。好了。」

「小z代表小a的橫筆右下鉤再加一点捺，但是它也包括由美帶頭的字首，扁小z是ネ部首。剛才我說只有扁大B，扁小v，和扁大Z的符號代表多個部首，其他46個部首都是一對一。一個扁字母只代表一個部首。所以和ネ很像的ネ部首就編給小z。小z的字首還包含叉字。看看大Z還包括減字根，"示"部首。剛才没有提到。現在看大S。大S包含ㄅ字形和它的變形。妳看第一個是注音符號ㄅ。再來把它改變成二筆的ㄅ。在減字根中有兩個ㄅ組合成簡寫的鳥字"鸟"以及加上三筆的簡体"專"字，寫成"专"。尤其是扁大S取的是馬部首，這些彎筆是比較複雜。但是另外有些彎筆只有個案，比大S更複雜。像凹，凸，臼，以及亞字。對這一類字，我加了一個自然的規則，假若没有字根可以包含一個字的頂筆，則斷取包含左頂点的最大可能字根。然後我又給大M的字根加入一個不自然的規則，假若以上的情況出現在左右對稱的字，則先把那個字由中央平分，先寫大M再取左半邊筆劃的字根代碼。凹，凸，臼，和亞就取得字首碼MnT，MFC，MCT，和TM（兩碼的減碼，或TMICY的全碼）。看完了彎筆，再看美。小i和j是主角，而大F和大小z看過了。只剩下小y，小b，和小f。小y代表二個筆劃相疊，第二筆是橫筆。大Z則代表第一筆是橫筆的組合。扁小y是言部首。小y有亠部首和三個減字

根立，辛，及半的字形。小y也包括"丫"字首及以字的左字塊"丬"。因為和小X類似。小b是撇的末端接到口的左上頂点，和把撇改成点的結構。扁小b是鳥部首。小b有鳥，烏，以及白字形。減字根有户，戶，及白。小h是撇的末端接上冂的左上頂点，和把撇改成点的結構。扁小h是宀部首，小h有勺，勹，力，和"穴"字。点的字首介紹完畢。」品妍把手舉起來說：「暫停。」接著站起來扭轉幾下腰部，又把双手高舉，伸個大大的懶腰。兩手揉揉太陽穴，一面坐下來，一面說：「真過癮，很有点意思。快完了對不對？」然後抬起頭，看了我一下，說：「對不對啊？」嘴角上揚，擠出兩個酒窩。我的心跳這才慢慢恢復正常。我想這個問題要和四姊談一下，或者讓我太太找品妍談談。品妍的臉是純真的美，可是她的腰遲早出事。我想還好她手臂的和手上的皮膚並不特別白裡透紅，而是晒過太陽的。

「對。單段的部首只剩下鉤和斜撇。有鉤和無鉤只在二組字根裡面有區別。一組是大T無鉤而大J有鉤。另一組是小x代表的"十"無鉤而小t代表的"寸"或"七"有鉤。這兩組都是配合英文字母的形狀而規定有鉤和無鉤的。有斜撇的英文字母有大小X和小y。另外大Y，大小K，大小V，和大小W也都有一些斜撇的半段。大小X另有多段筆劃相交的字首要代表而小y已經用在亠部首上。我用大Y來代表斜撇。大Y的斜撇只有半段，但是扁大Y的部首"亻"字旁却很像大Y。大Y代表單撇，直双撇，和直三撇。大Y也代表人字，𠂉和內兩個字首和双人旁"彳"。大Y的減字根有九和力二字。大K和小K代表撇加橫的字形"𠂉"。大K

代表和加一直筆有關的字首；小k代表其他相離或加斜撇的字形。扁大K是竹部首，大K有午字，減字根有缶。扁小k為气部首。小k有攵部首和簡体字的钅(金)部首。減字根有矢字。斜撇的相接字首只剩一個，撇加橫右鈎。"勹"這個字形我用大G代表。扁大G是魚部首。大G有夕，夂，夊，⺈，和簡体部首饣(食)。減碼字有久和⺈。剩下六個相交字形和八個其他字形。」

她又抿嘴揚眉又点点頭。左邊的酒窩比較深，而右邊的若有若無比較俏皮的凹陷別有一種吸引力。還好，那只是一種活力，而不是媚力。我覺得比較放心她的安全了，接著說：「斜撇和橫筆或捺筆相交的字首由大X代表。扁大X是犭部首，叫犬部首或獸字旁好像都不對。總之是猛字的左偏旁。大X有許多類似"X"的字根和"大"字。減字根有"丈"。小x代表直筆和橫筆或斜撇相交的字形。扁小x為木部首。小x有表上列出的字形，有東的上半部和棘的半邊。這是很容易混在一起的字形。接下來是大H和大工。大H大略的提過，代表廾，双十。扁大H就是草字頭，合起來寫，分開寫都一視同仁。分開寫也不能垂直分割成二塊。大H本身有廾，並和井。減字根有莫和其二個字。大工則代表提手旁字形，和草字頭正好是90度的轉動結果。扁大工代表有鈎的提手旁。没鈎的以及斜尾的和再加一横筆的，還有無頭無尾的"工"都在大工。減字根有簡体字的"韦"，黹字。這工字呢，有出頭的土和長尾巴的干。我用對稱的小七和小f來代表。小七也代表"十"字加鈎的寸和七。另外加一橫筆的和其他變形看表上列出的有七種之多，包括七字。扁小七就是土部首。

A3-4-13

對了，士呢就在減字根中，減字根還有主和簡体部首"车"，車部首。土和士就這樣區分開，但是在字裡頭還是要做一個改變，我把女婿的壻字分到土部首，因為它看起來就是土字旁。至於有類似困擾的未和末都是由大工開始寫字首碼。兩個字同碼都是IA，常用程度也差不多。在没有適當數據以前我選未字來配IA這個字首碼，而末在單獨存在的時候，加一個區別碼寫成IAZ；和其他筆劃造字時，仍然以IA取完筆劃。小千呢我剛才提過的千，干，和于就是小f的部分字根。扁小f是禾部首。小f包括加一橫筆，加二橫筆，斜頭，斜尾，彎鈎尾的各種變形。減字根有千和于。現在把已經看過的部首回味一下。大寫的扁字根有金，耳旁，區，弓，王，扁大F是疒，接下去是魚，草頭，提手，酉，竹，糸，門。扁大N是刀旁，扁大O是日。P，Q，R都還没有看過，其他扁大寫部首是馬，石，山，酋，心，犬偏旁，人偏旁，和乙，之。小寫的扁部首有刀，鳥，女，這d和e還没說到。扁小f是禾，g也還没有說到。扁小h是宀，讀做ㄇㄧˊ；扁小i是水偏旁，接下去的部首是犬，气，巾，羽，月，口。扁小p還没有提到，小寫的q，s，和u從缺。扁小r没有報到。扁小七是土，扁小v是羊，以下的部首是豎心，木，言，和衣旁。」品妍一直精神奕奕的。由上面看下去，就知道她的眼珠動作頻繁。我實在不了解，為什麼手脚都晒出一点淺褐色了，臉上仍然是雪白的。眼皮上還有一粒快要流到睫毛的汗滴。果然她順手把那汗滴給抹掉了。昨天是入秋以來最熱的了。我的天窗迎進滿房間的陽光。沙發前地板上陽光直射的長方形根本停不得視線。我把天窗的百葉板

A3-4-14

轉成45度角。她抬頭看了一下天窗，說：「住鄉下真好。」我繼續說：「各有各的好。大P代表P的字形。扁大P是尸部首。大P包括尸和"㠯"字形，我把它讀作㠯，因為常見的是假字。小p呢，扁小P是民字首。其實p的字不多。小P只有艮。艮還是個俗体字。小e有巳，巳，和巴。扁小e是巴部首。扁大Q是目部首，大Q有四和毋部首，而減字根為"毋"字。扁小g是足部首，小g有呆字。扁小r是止部首，小r是直筆右邊接一点捺或一橫。這一橫接在上端是大F而接在下端是大L，其他的就是小r。減字根有匕，齒，和攴。簡体字的齿呢，取二碼減字根 rU。齒的本字取三碼減字根 rUM。最後一個字母小d。扁小d是虫部首，而小d有中，史，和虫字形。結束。」我把常用標準字体拿起來，說：「我們來試幾個字。20個字大概夠了。挑十張，每一張呢，選第三個和第三十個字，Okay？」

她把左手張開來，伸直了搖來搖去，都碰到我的肚皮了。我想既然這字根表的工作結束了，也已經傳了下去，是該花一点時間把這個微凸的肚子給壓回去了。她的右手在字首碼字根表的上方微微点動，口中默唸著字首和字根。我站開了些。她側面的輪廓像極了泰勒，正面是瓜子臉。換任何角度去看，都是均衡秀麗的造型。眉毛又細又濃又黑，完全不像小時候，淡淡細細的，只看到明亮的双眼。我想西施也只能是這樣的面貌了。她把字根表翻過來蓋在桌上，說：「來，本姑娘接受挑戰。你剛剛說幾個字啊？好像是20個是不是？就20個字。我和你賭一個字十塊錢。我扣對了字首碼，你給我十塊錢；我扣錯了，我給你十塊錢。怎麼樣？」哇！這麼

神勇。我說：「行。一共60頁，就選6的倍數為頁數。妳說要按我說的第三個和第三十個字，還是要換別的字？」她說：「就那20個字吧，你把它們寫出來，我要先默寫我的小抄。」她一面給自己填一張歪七扭八的字首碼字根表一面說：「姨丈，你剛剛說，是剛開始講區別碼的時候說，你選千做常用字。人家大陸用干代替幹，干會不會更常用呢？」好在是有橫線，不然真不知道她這個表怎麼去認位。我說：「大陸有字頻分析的資料，但是大陸剛離開公有財產制沒多久，用字正在大轉型的階段。所以我用台灣的印象來分析。既然是資本主義的社會，錢當然十分常用，所以我把小f給千。等下一次字頻表差異夠大時，再一次全面調整就可以了。」她的字根表也差不多完成了。嘿，49個部首完全正確。我趕緊把20個字抄出來。她一面修飾字首一面說：「我剛剛一面練習用四声來讀碼，很有趣喔。所有的大寫字母都讀單声調，而小寫字母都讀成双声調。你聽A，Ǎ，À對不對？還有第二声的小a，a，à，á。好好玩。我不想寫太多字首了，給我考卷。」

我把20個字給她。她開始填上字塊，字根，和字首碼。這20個字她有意見的有四個字塊，果，象，禽，黑。說是該有二碼減字根才對。看到"門"字，高興的說：「哇！中獎。」對最後一個字是鼻子一皺，說：「哼，不堪一熏。好了，姨丈，你幫我看看，我錯了幾個。貉和那個黑字邊的，一開頭可能就錯了。那個字怎麼讀啊？我老是沒去查字典。」我說：「第三声，有沒有的有。」開始看她的答案。

6-3. 匙；是，匕；日，下，人，匕；ǑTYr
6-30. 占；占；卜，口；rò
12-3. 媳；女，息；女，自，一，心；čbTŴ
12-30. 孕；孕；乃，了，一；BaT
18-3. 憧；忄，童；忄，立，曰，主；ŵyOt
18-30. 懶；忄，東，頁；忄，申，八，刀，貝；ŵxAàŘ
24-3. 棘；M，束；Mx
24-30. 椰；木，耳，阝；木，ㄇ，三，阝；ẋJEB̌
30-3. 爭；争；⺤，尹；JD
30-30. 物；牛，勿；牛，勹，〃；NSN
36-3. 禽；禽；人，ㅗ，凵，乂，内；AyUXI
36-30. 稞；禾，果；禾，口，木，八；fOIA
42-3. 至；至；云，土；Jt
42-30. 船；舟，呂；力，亠，几，口；hEnò
48-3. 讒；言，毚；言，ク，四，比，ク，四，心；ŷGOmGOw
48-30. 貉；豸，各；夕，勿，夂，口；JaGò
54-3. 門；M̌
54-30. 闖；闖；門，馬；M̌Š
60-3. 黝；黑，幺，力；口，⺌，二，灬，幺，力；OwZWLY
60-30. 齧；丰，刀，齒；丰，刀，齒；tàr

「百分之百正確，真是了不起。來，領獎。200元。這是妳上一次在找的胡蘭成的禅是一枝花。妳們國文老師其實太急了。這種書是成人書的一種，一般中学生該看的課外書是傳記和科学史一類的。出名小說更好，只是不容易選書目。傳記和科学史

A3-4-15

就比較不必忌諱個人口味。好在這本書文筆還算流暢，立論失誤很少。看了有好處没壞處。」她用姆指和食指夾住200元，一下子抽走，得意的一笑。把錢摺好塞到褲袋中，然後接過書，翻了幾頁。說：「2004年7月土城，你去土城買的啊？我看完再託阿姨帶回來給你。」說著站起來，摺好的錢又彈了一半出來。她笑了一声，把錢又硬塞了進去，說：「該買個小皮包吊在褲腰上了，上儀有一個看起來很方便。對了，姨丈，上星期你說中國人早就有了完全自由的辦法，可是甘願拼命工作，不肯享受身心的自由。那是為什麼呢？你說的是身心的自由，禪宗講的都只有心，不是嗎？釋迦牟尼的生老病死也都是事實，那麼身体怎麼有自由啊？這個身体的自由害我想了兩個晚上，又查書啊，又把他給弄投降了，我自己也只好投降。書上講的都是囚禁啦，戰犯啦，假釋啦，你說的不是這個。好像比較接近瑜加。可是瑜加的目的也是在心靈，不是嗎？」說著，把小椅子拉開，比個手式要我坐下說。我指指她又指指椅子，自己坐到沙發上，想了想如何簡單的說明一下。決定的方向居然是天高皇帝遠。現在又没有皇帝，自己反而先讓自己給將了一軍。只好隨口問她：「他在什麼論点上面對妳投降的？」她臉上紅了一下，想了又想，又紅了起來。搖搖頭說：「好像和吸毒有関。亂七八糟的。他又老是講没三句正經的就加進一個歪理，還笑我要学嫦娥奔月。他說人會飛的話，那也是身体的自由啊。只是太空中没有氧氣，嫦娥帶個氧氣頭罩。他就是老愛把我的肚子給笑疼了。」一個古代美女帶著頭罩在天上飛，也虧那個電腦想像力夠強。我說：「笑是最好的健康處方。中國人呢，另外有一個次好的處方，那就是氣功。而

A3-4-16

笑是可遇不可求的，氣功則是可以求的。禪宗讓中國人的心靈意志自由而氣功讓中國人的身体自由。這就是我的看法。但是有了自由沒有目的就好像有了汽車不會開。自由本身不是目的。古代中國人大多為了給下一代帶來較好的生活環境而拼了命的努力工作。而且把它當作人生唯一的生存目的。中國人又大多數都十分認命；接受自己天生的和環境既有的實際條件。所以，一般中國人民不在乎誰當皇帝。只要法令合乎常理，運作合乎常情；中國人是非常溫順努力的人民。中國人一向讓時間去証明一個皇帝或官員的好壞。中國人說夜路走多了難免碰到鬼；時間自然可以論定一個皇帝的功過。就好像2004年，不希和錢泥當選連任。誰也想不到美軍到今天還被黏在伊拉克。2001年阿富汗戰爭和2003年的伊拉克戰爭打到今天，報紙說已經戰死了72265人。美國說是三萬多人。自今年二月起，每個月被殺的伊拉克人民由2000人增加到現在的3000人。這三萬多人很明顯的與簡單算術不合。就算是三萬多人。就算不是美國人，却總是因為不希和錢泥而死的人。而且，是白死。伊拉克和911沒有関联而賓拉丁仍然逍遙法外。至少到目前為止不希算是壞領袖。殺人只有自衛殺人有理由。2003年的戰爭沒有自衛的理由。自衛也不必殺人。啊，回到主題吧。中國人為了下一代，不把時間用來体會自己的病痛，也不用時間去了解生命的無常；總是想多賺点錢，給孩子吃好一点，讀多一点書，讓下一代更有前途。可是，西方的獨立理論也有許多好處。漸漸的中國父母會想辦法讓孩子更獨立。不必多久，等妳結婚就知道了。」

「姨丈！你很討厭喔。可是聽起來中西合併應該對後代比較有利。對父母親的要求提高了。不能傻乎乎的只顧

賺錢。對了，你說的身体自由，就是人家說的靈魂出竅是嗎？」我看她壓低了嗓門，有点神秘的模樣，笑了笑說：「也許有那回事吧。我妹妹就說她有一次跌下十三級的水泥樓梯。就好像站在二樓的樓梯口俯視那個趴在底下的自己被媽媽抱起來。然後不知怎麼回事，又回到自己身体裡頭。生命力應該也是一種能量吧。」

「我們國文老師說他把六祖檀經快翻破了，還是沒有頓悟。他說佛渡有緣人，說他自己那種好動的人肯定是無緣的人。說得比公民老師說老子還單調。公民老師說他總是想不通老子為什麼不寫一篇就好。比如禮運大同篇，清清楚楚；哪裡需要反反覆覆的講了那麼多篇？害他讀來讀去，愈讀愈碰壁。然後他就講一点利有用無的道理。隔沒多久，還是同一個牢騷，換一句知陽守陰說說他的心得。自得其樂。一幅愈挫愈勇，却又永遠讀不完的樣子。我就認為公民老師的牢騷起碼有点喜劇效果。不像國文老師，擺著許多禪宗公案不用，一天到晚頓悟才有自由，可惜呢，要有緣才能頓悟。而他是無緣的人。煩死人了。期中考考完，他又在畫圈圈，一圈寫自由，在上面。一圈寫頓悟在右邊。畫一個箭頭由頓悟到自由。一圈寫有緣在左邊。又畫一個箭頭由有緣到頓悟。然後手指對我們点來点去說也許有人和他有禪緣，可以透過他的講課得到頓悟，馬上自由。說著哈了一声好響把好多快睡着的同学嚇醒過來。我就舉手說我有一個覺悟。他還沒弄清楚怎麼處理，我已經走到講台上，畫一個箭頭，從自由連到有緣。全班同学都笑了起來。姨丈，你和佛有沒有緣

份呢？你頓悟了没有啊？」聽她把有緣、頓悟，和自由用剪刀，石頭，布互相牽制起來，自己却像個局外人。話中没一点兒得意的味道。我就正正經經的告訴她：「没有緣份。我是不信佛陀的。可是我喜歡慧能。一般有心人到了四五十歲都自然會發現，不知何時自己已經開悟了。是的，我已經開悟了。妳爸爸媽媽開悟得更早些。」她兩眼一睜就是一個大問號。突然間好像有人在拆樓梯，我說：「下次再給妳說兩三個妳爸爸和妳媽媽開悟的故事。上儀來找妳了。」話剛說完，半掩的門就碰的被撞開了。上儀衝進來抓了品妍的手說：「走，看電影去，我請客。火車和客運都只差十多分鐘了，快点。」

品妍突然釘在現場，一隻手按住上儀的嘴，兩眼盯著門邊的落日海報說：「慢一点，我好像有一個大問題和請客有關，給我一分鐘時間。」上儀張口咬了下品妍的手，接著把她的手全捉住了，一邊拉她一起坐上沙發一邊說：「這樣猛鑽牛角尖，小心有一天把腦殼鑽破了。」上儀是橢圓形的臉，五官端正，嘴形十分圓潤，和她成熟的身材正好相得益彰。是讓男人想接觸的唇形。品妍的嘴，是令人欣賞，百看不厭的唇形。由熱情的外形，實在看不出上儀是一個名列前矛的高材生。由理智型的外表，也難以想像品妍現在一幅受苦受難的模樣。她們兩人全身的線條都非常勻稱。品妍是少女型，比上儀低了將近六公分吧；下圍也窄了三公分左右，瘦一些。看漂亮的女孩子真是愉快的事。相信她們上西門町一定多少引起行人擦撞糾紛。上儀把品妍的手放掉說：「都快三分鐘了，賴品妍！哎，我投降了，妳去想

品妍 EP(33)

A3-4-17

吧。」拍拍品妍的手，正想站起來。品妍突然笑起來說：「我實在是記憶力衰退了。」用手拍了一下腦袋，望著我說：「就是投降。我們剛剛才講了三次投降，看，我都不懂得去利用那三個周邊記憶。以後不可以再這樣笨。」用手反過來拍拍上儀的手說：「謝了。哪，是這個超級大難題。姨丈你要聽仔細喔。上星期我們歷史老師說日本投降，中國完全不要賠償。違反國際慣例。倒好像一場中日戰爭只是一場宴會，宴會結束，還要負責把客人一個個完整無缺的護送離開。這是不是很奇怪啊，姨丈？」她自小就喜歡咬下嘴唇，倒也没把它給咬變形了。放掉了下唇，嘴角一掀，還是那麼完美。

這個問題我讀過一些看法，也和朋友討論過。大多數人没有意見，只是說以德報怨。有的說他受日本教育。有的說他希望化敵為友，借助日本的科技經驗。我認為老徐的看法很突出。假若說那是一個謊言，它也是一個美麗的謊言。我說：「老徐，我大学同班的朋友；在一次營火晚會說抗戰勝利的索賠問題可以這樣去看。假若你認為生命是無價的。枉殺一個人都已經賠不起了，更何況枉殺了上千萬的人。要了賠償金，豈不是賤售那些生命？妳認為呢？」她突然兩行眼淚直掛下來。我和上儀都楞住了。過了好一會，她站了起來，低著頭又想了一下，低声的慢慢的說：「我要想想。走吧，上儀。」走到門口，她停了一下，回頭看著我，疲憊的笑了一下說：「姨丈再見。」滿眼的淚水也不擦掉就走了。才昨天的事，可我知道，那兩行眼淚在我心中的份量。我已經反反覆覆想了上百回。

品妍 EP(34) 093

A3-4-18

老徐的話帶給我很大的啟示。我也反對傷人生命。可是我並没有為那些枉死的人流淚。老徐也像我一般客觀的說明一個可能的理論。誰也不知道蔣中正先生心中是否有一点点這一層想法。可是那個女生，那個聰慧的小呆瓜，竟然一頭栽進去；一下子好心疼那些枉死的，全都是無價的生命。

到了晚上，文章也快寫好了。我突然在一個回憶的畫面上楞住了。那是她們兩個肩並肩擠出房門的一刻。我忽然明顯的看到品妍的腰部妖力。上儀的腰已經是少女的細腰。品妍的腰部寬度竟然比上儀的小了大約五公分。品妍的臀部卻只小了二公分到三公分的寬度。難怪那一個纖腰輕易的就散發出各色的媚力。如果上儀的腰圍在23吋左右，那麼品妍的就小於19吋了。那麼細的腰，如何承担昨天那麼重的情呢。難怪她累。

有心人，像品妍的父母，時時刻刻用心。於是被細心培養出來的人兒，也大多長成了有心人。昨天，品妍把禪是一枝花全忘了。

3. Imagination

Imagination is the source of creation and breakthrough.

Please image about the following sentence: 《 Actions today make what I am tomorrow. 》. It makes sense, right? Now, let's extend one more step. Since 《 Be a soldier when young 》 can be a responsibility of able citizens 《 Be a government employee when mature 》 can be too, isn't it?

12-3-4. 美國

美國的紐澤西州(1776-1787)是第二個（注一）實行《自由民主制》的國家，並且在放棄獨立以後，繼續實行《自由民主制》直到1807年。美國其他各州雖然最初仍有針對財產和性別的限制，同時南部又有類似雅典的奴隸制度，但是在南北戰爭（1861年4月12日到1865年5月26日）解放黑奴以後，黑人就在1868年獲得公民權，男性黑人更在1870年獲得投票權。在1893年由紐西蘭領先，十多個國家跟進以後，美國也在1920年給予婦女投票權。

12-3-5. 臺灣

在2000年臺灣首次進入具有規模的多黨總統選舉。並且由於最大黨分裂，臺灣意外的在該年脫離國民黨的統治。後來，在2008年國民黨又經由選舉奪回了政權。

12-4. 自勝－文戰，智+仁+勇

雖然代議民主制度比皇帝制度好，目前已經成為政治學者的共識；但是它卻非常《不合邏輯》，一如第6章所述。它也確有《矛盾事實》，例如美國1991年，一方面25屠宰工人被活活燒死在，上鏈的《逃生門》後面，另一方面美國OSHA《規章的完備性》卻遙遙領先全球；這就是矛盾。希望全世界的智者在進一步互相溝通以後，能夠破除《狹相》不合事實的共識，並且明白不合邏輯的《代議民主》仍然不如《直接民主》，從而引領自己的國家，走向各種《直接民主》之路。

12-4-1. 建知

首先，要善用邏輯，給自己整理一套《歷史事實》與《質能事實》。

12-4-2. 破識

然後，聚集足夠的《真知》，破除時空與票選不合事實與邏輯的共識。

12-4-3. 改法

其次，就可以逐步改善各自的相關教科書和法律。

12-4-4. 政治溝通

這一條建知，破識，改法的政治溝通之路並不好走。然而，孟子說《舜何人也，余何人也，有為者亦若是。》與君共勉之。

12-4-5. 合作

最後，完成全球的法律與文字系統，以便規範《全球溝通》，以利《全球合作》。

(注一) 1755年到1769年，科西嘉共和國 (Corsican Republic) 是第一個實行自由民主制的國家。

13. 想像力

想像力是創新與突破的原動力。請您想像這句子《今日的言行，造就明日的我。》好像有點意思，對不對？既然《輪當官兵》可以是國民應盡的義務，請您再想像這樣的政府，《輪任公職》也可以是國民應盡的義務。是否也有點意思呢？

讓禹繼承帝位。禹繼位後，又舉皋陶為繼承人，皋陶早死，又以伯益為繼承人。這種《部落代表人推選領袖的制度》，在古中國叫做《禪讓》，現在叫做《民主》。

12-1-1. 不再禪讓

但另一種說法是，禪讓制到禹就終止了，因為他建立了第一個朝代，夏朝。禹死後，益並沒有得到權位；事實上，在民眾的擁護下，啟得到了帝位。於是益率領《東夷聯盟》討伐啟。經過幾年的鬥爭，啟殺益。又另一說則是，根據《竹書紀年》的記載，益正式即位後，啟殺益而奪其位。不論是那一種說法，聯盟推選領袖的禪讓制度由於啟益之戰而隨著益的生命結束。自此以後，中國不再禪讓。

12-2. 君王 – 武戰，智+勇

中國不再禪讓。商朝戰勝夏朝。商朝的世系年代有兩種說法，《夏商周斷代工程》認為商朝取代夏朝的時間約在公元前 1556 年至 1046 年 1 月 20 日被周武王所滅，共 510 年。該時間被中華人民共和國史學界採用。另外按照民國初年史學家董作賓依曆法推算，商朝的時間約在公元前 1766 年至 1111 年共 655 年。臺灣史學界採董作賓的說法，並且把它寫入台灣教科書裡頭。商朝以後，中國繼續由或多或少的君王主政，一直到 1911 年。在這段時期，類似禪讓的民主政治在世界各地起起伏伏，終於在 1776 年 7 月 4 日經由《獨立宣言》開花結果。

12-3. 民主 – 選戰，仁+勇

投票是民主政治的特色。

12-3-1. 雅典直接民主制

根據希俄斯島（Chios）的記載，島上在公元前 575-550 年之間就出現了公民的議會和大會。雅典城邦投票的權利逐漸擴展，從原本的地主貴族擴展至所有受過義務軍事訓練的公民，公民的投票年齡限制是 20 歲以上。因為婦女、奴隸、和外籍人士沒有公民權，所以全雅典只有 10%，或更少的人口，有資格投票。投票至少可以創立法律以及向他國宣戰。同時所有公民都可以在公民大會上演講，這種形式的政府就叫做《直接民主制》。雅典城邦在公元前 323 年被馬其頓擊敗，雅典的直接民主制度也就隨之徹底消逝。

12-3-2. 代議制

代議制的民主從羅馬共和國時期 (公元前 509-27) 的元老院開始。在中世紀時期也有幾種不同的民主形式出現，從寡頭政治的制度到幾乎完全民主的制度都有，包括：冰島的國會（Althing），中世紀義大利的城邦，中世紀愛爾蘭的大會制度（Tuath），斯拉夫國的人民議會制度（Veche），以及斯堪的納維亞國家的議會制度。此外，印度的十六王國（公元前 500 年左右）和北美的易洛魁聯盟（公元前 2 世紀一直到現在）也都擁有民主的原則或形式。

12-3-3. 英國

在 1688 年的光榮革命以後，英格蘭和蘇格蘭同時成為君主立憲制的國家，並且在 1707 年正式完成合併。英國國會從那時候起，一直定期召開，不過當時仍然受到君主權力的影響。然後輝格黨和托利黨互相競爭的兩黨制度開始發展成形。隨著時代進展，國會在決策和立法上的權力也逐漸增加，到了維多利亞女王的時期，君主已經變成有名無實的領袖。

10-3. 圖解

知識的成分，圖解如下：

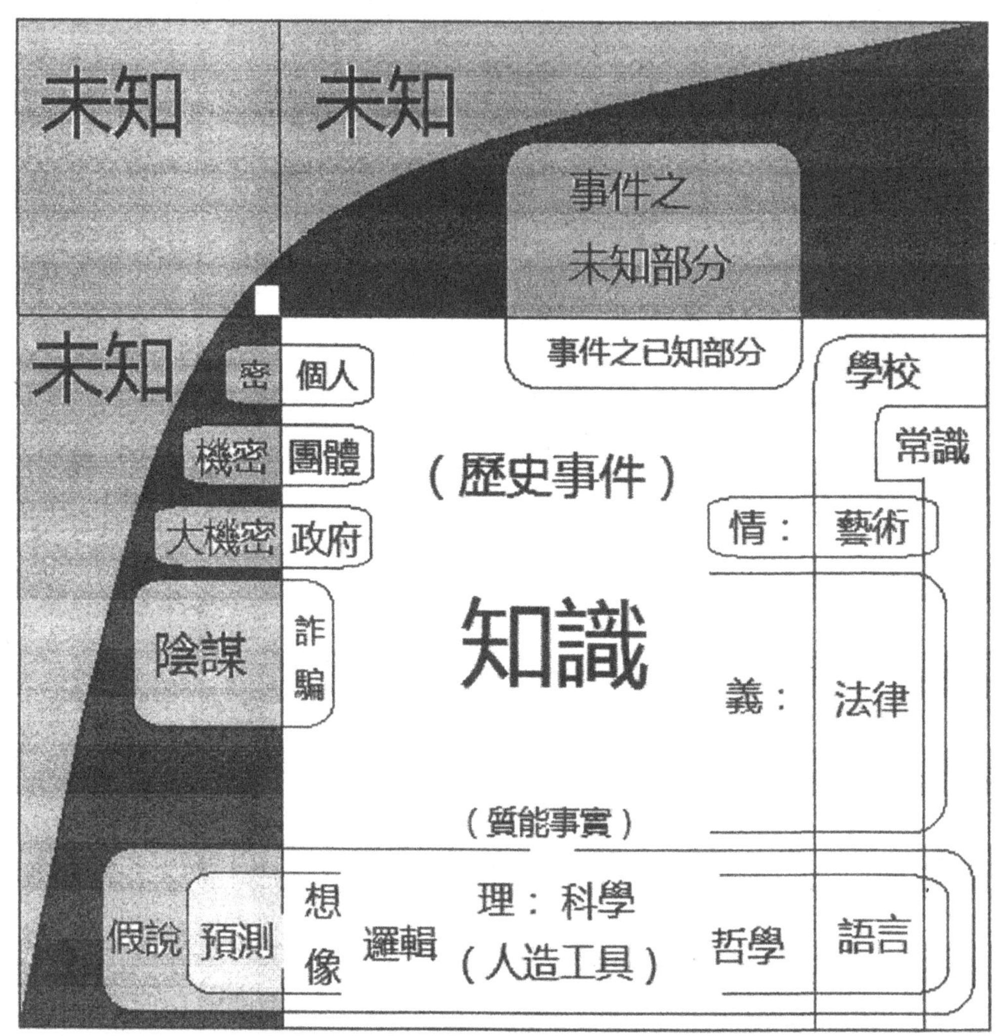

11. 全球共存

全球共存需要人人做好三件事：盡力了解事實，經常善用邏輯，量力支持公義。

12. 政治溝通

盡力了解事實是小學教育的第一個任務。透過九年義務教育，更希望把所有的常識全部傳授完畢。歷史事件和科學知識當然是說不完的，這個第一主題；溝通，就由簡明政治歷史做一個終結。

12-1. 禪讓 – 不戰，智+仁

禪讓是一個中國神話故事。相傳堯為部落聯盟領袖時，四岳推舉舜為繼承人，堯對舜考核三年後，讓他協助政事。堯死後，舜繼位。舜用同樣方式，經過治水考驗，

作者：醬黃

主題：1. 溝通

2. 想像力

Practical

Chinese Language

實用 漢語

sh2yong4 han4yu3

by: John Huang

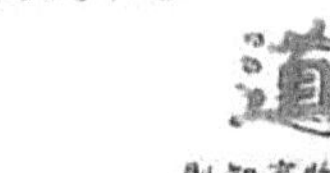

PEOPLE

2005

by: John Huang

EARTH 2005

2005

by: John Huang

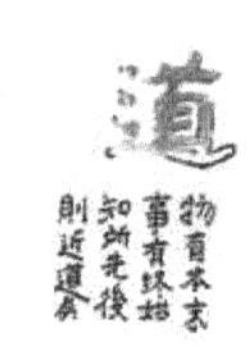

118 二〇一〇

目錄

116 二〇一〇

這是一本關於溝通和想像力的小書，一共十三章。也歡迎您參考附錄和英文版。

1. 溝通

溝通是十分困難的事。

1-1. 青睞

這就是情有獨鍾：如果她意中有人，就算我陪在身畔；也不能打開心房。

1-2. 喜歡

也許我的條件樣樣勝過他，然而只要他不死在別人手上，我就今生無望。她也許更喜歡我，更欣賞我，卻無法愛我。

1-3. 條件和原則

溝通是按照自己知道，和不知道的邏輯條件在走。既然自己不知道的太多，我只好說溝通是十分困難的事。溝通至少需要兩個條件，而且最好合乎三個原則。

2. 情

情當然是溝通的第一個條件。

2-1. 緣分

情不只區分先來後到，也有強弱和投契的因素。先後，強弱和投契都是《人緣》。

2-2. 先後

有緣先認識的，不一定有緣持續；但是只要能持續，往往就成為不能不溝通的對象。我想你也知道，認識不一定要見過面。

2-3. 強弱

強弱是不由自主的。俗語說《驟雨不終朝》，越強烈的越無法持久；但是越強烈的越刺激，越過癮，越值得。

2-4. 投契

這是最美妙的。可惜它往往沒辦法戰勝先來的或強烈的，結果只能深埋心中，一生珍藏。

3. 義

義是溝通的第二個條件。這是一個依附在《事緣》上頭的條件。

3-1. 衝突

這個義字，在中國有公義與道義兩種偶而互相衝突的規範；在美國更加上強烈的私義。而且私義正是美國的立國精神；美國人最講究，也尊重個人的自由與權益。

3-2. 公義

如果一個言行是為了親朋以外的人去爭取權益，那就是為了伸張公義。

3-3. 道義

如果一個言行是為了親朋去爭取權益，那就是為了伸張道義。

3-4. 私義

私義是依法個人該有的各種權益。但是，每個人所在意的權益卻多少有些不同。

4. 理

有《人緣》和《事緣》就有溝通的機會。溝通又有三個合理的《原則》。

4-1. 合理

溝通最好根據事實，順應邏輯，而且別有趣味；這就是溝通的合理三個《原則》。

4-2. 事實

人們所知的事實十分有限。

4-2-1. 瞎子摸象

就好比瞎子摸象。每個人都只能夠憑自己所接觸到的一部分去想像大象這個動物。

4-2-2. 宇宙

換句話說，對於宇宙這個東西，人類至今沒有全盤的概念。

4-2-3. 地球

就算是眼前的地球，乃至於人類自己，也大多只是一知半解。

4-3. 邏輯

我深信邏輯是人類能夠好好溝通的唯一希望。只有邏輯能夠幫助人類去妥善整理《事實》，放棄錯的《共識》，便利未來《合作》。

4-4. 別趣

至於別趣，那就必須先有一些天分，然後再加上勤快的練習。這是最高階的溝通《原則》。因為我的能力尚不足以談論別趣，所以我只能夠談一些事實和邏輯。

5.科學

我認為在 2010 年的科學時空共識是違反事實的。

5-1. 時間

當代物理學家對於時間的共識是，《狹義相對論》（簡稱《狹相》）必須 正確。

5-1-1. 公式

主要原因是，有太多實驗物理學家的實驗記錄可以被用來曲解，從而證明《狹相》的時間公式：$t'=t/f(v)$，$f(v)$為洛倫茲因子。但是，同時卻有一個明顯的矛盾存在。

5-1-2. 矛盾

若甲乙以 $v/2$ 而丙丁以$-v/2$ 等速度互相接近；在甲丙相遇時，他們把四個時鐘同時歸零。那麼，在乙丁相遇時，對乙而言丁在動，所以 t 丁=t 乙/f(v)；而對丁而言乙在動，所以 t 乙 =t 丁/f(v)；《狹相》堅持時刻的差異是實際發生的事，但是，當 $c>v>0$ 時 $f(v)>1$，於是產生乙鐘比丁鐘快而且丁鐘比乙鐘快的《兩鐘互快》矛盾。

5-1-3. 找錯

有矛盾就表示《狹相》是錯的，但是要怎麼找出錯的地方呢？最明確的方法就是比較兩個不同的公式。在《狹相》成立的範圍裡面有一個適用範圍比較小的公式，我們可以就在那個比較小的範圍裡面檢驗那兩個公式。當 v 是等速率時，《狹相》的公式 $t'=t/f(v)$ ---(1)成立；而 v 是等速度時，《洛倫茲轉換》（簡稱《洛轉》）的公式 $t'=f(v)(t-(vx/c^2))$ ---(2)成立。因為等速度必定是等速率，所以在等速度時(1)和(2)最多只有一個可以成立。對不對？啊，我忘了介紹 c 代表光速，每秒約三億公尺。

5-1-4. 例證

最方便的找錯方法是利用現成的《洛轉》環境來安排一個例證。我們指定一個觀測員 R 留在靜系原點 O 而另一個觀測員 R'在動系原點 O'跟著 O'走。然後我們讓兩個爆竹同時在 t'=t=0 時引爆。其中一個叫做事件 eF 在 F((v+c)T,0,0)這個地點引爆，另一個事件 eH 在 H((v-c)T,0,0) 這個地點引爆。我們先研究比較小的範圍，0<v<1 而且 0<T<1。當 t'=T 的時候，分別用(1)和(2)來計算 tF 和 tH 值。由(1)，tF=tH=f(v)T；由(2)，tF=(T/f(v))+(v(v+c)T/c^2) > tH=(T/f(v))+(v(v-c)T/c^2)。

5-1-5. 事證

那麼究竟是 tF=tH 還是 tF>tH 呢？我們找一個事實來當裁判。由事件 eF 和 eH 圖

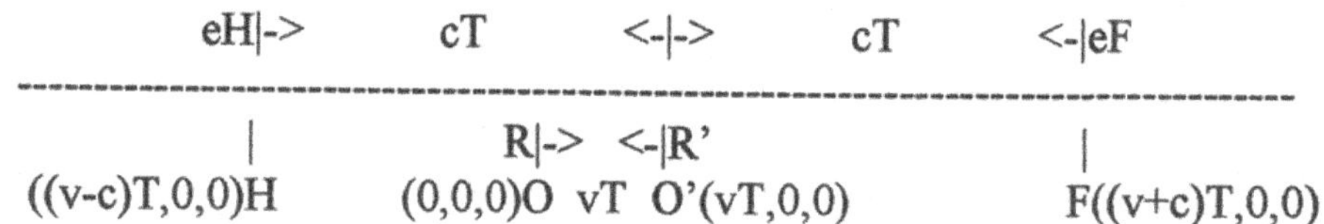

當 t'=T 時，OO'=vT 所以 O'F=O'H=cT，對 R'來說，爆炸的畫面由 F 傳遞到 O'的時間和由 H 到 O'的時間都是 cT/c=T，所以 t'=T 的時候，R'同時記錄了事件 eF 和 eH。但是對 R 來說，OF>OH，所以 tF=OF/c>OH/c=tH。事實判決 tF>tH，所以(2)比(1)更接近事實。也就是《洛轉》比《狹相》更接近事實。換句話說，《狹相》不合事實。所以《狹相》必須修改。

5-2.時空

當代物理學家對於時空的共識是，《廣義相對論》（簡稱《廣相》）必須 正確。

5-2-1.義務

我想主要是因為全世界就屬他們最了解宇宙，所以他們有義務替人類解答《宇宙是什麼？》這個問題。然而目前全世界只有一個時空公式，他們只能暫時接受它。

5-2-2. 連坐

但是如果《廣相》支持《狹相》，那麼《狹相》錯了《廣相》就只能跟著錯了；這是邏輯的連坐規則。換句話說，目前一直支持《狹相》的《廣相》，必須修改《狹相》，把不合事實的地方調整一下。在改良以前，《狹相》和《廣相》都是假說。

5-3. 光速

光子在真空的速度是固定的，一般用 c 代表。在網路上可以找到不少很有創意的光速測量法。我想談的是光速對於人類視覺的影響。我們一張開眼睛，可以立刻看到遠山；很奇妙，對不對？然而物理學家並沒有詳細解釋這個奇妙的現象。我們現在就來研討它。

5-3-1. 時段公式

如果我們用 d 代表發生在遠處的事件和觀測員的距離，那麼觀測員所記錄的事件時刻，必定比真時刻晚了 d/c 這段時間。真時刻=記時刻-(d/c)。如果遠處的事件，例如邊走邊吃，以等速度 v 向觀測員前進；那麼事件的真時段就會比記時段更長。換句話說，在記錄裡面，同樣的距離該事件用比較少的時間完成；所以對觀測員來說，事件前進得比較快。此時的時段公式是：記時段=((c-v)/c)真時段 ---(3)。

5-3-2. 半光速

如果一個夜光珠以《半光速》向我飛來，每奈秒大約 0.15 公尺。假設它到達距離我 3 公尺，在 L 點的時候是晚上 8 點整，那麼它所發出的光子，大約在 8 點又 10 奈秒到達我的眼睛。 它距離我 2.7 公尺的時候在 M 點所發出的光子，大約需要飛 9 奈秒才能到達我的眼睛。可是這個夜光珠由 L 飛到 M 大約需要 2 奈秒，所以在 M 點所發出的光子大約在 8 點又 11 奈秒時到達我的眼睛。所以對我來說，夜光珠用了 1 奈秒由 L 到 M 飛了 0.3 公尺。所以對我來說，夜光珠的速度等於光速。

5-3-3.半光速的 2 倍

我們用 v=c/2 代入時段公式(3)，記時段=((c-v)/c)真時段，結果是，記時段=真時段/2。你看，對我的眼睛來說，同距離夜光珠用了實際時間的一半來飛，所以我看它的速度是等於光速。公式吻合 5-3-2 的分析。

5-4. 視速

如果夜光珠用更快的速度向我飛來呢？好比 0.99c，那麼，對我來說夜光珠的速度看起來有多快？把 v=0.99c 代入公式，記時段=真時段/100，所以夜光珠的速度看起來是 100c，光速的 100 倍。也所以，每一個光子都是以無限快的速度跑進我們的眼睛。那就是說，視力的速度是無限快的。

5-5. 想速

雖然光速有限，可是由光子造就的視力卻可以無限快。那麼想像力的速度呢？我們一念五千年的威力，讓我們可以和古人對話；也讓我們可以想像移民木星，排隊上太空船的情景。想像力不只是把空間距離視若無物；就算是時間距離也無奈它何。

5-6. 宇宙

視力和想像力都是宇宙的一部分，《廣相》既不包含視力和想像力，也無法說明量子不連續的現象；既不包含意力和感情，也無法說明光子不變速的現象；既不包含媚力和靈魂，也無法說明生物不願死的現象。想要用《廣相》來說明宇宙，還得把它好好修改幾次才行。

6. 民主

我認為在 2010 年，政治專家的民主共識是不合乎邏輯的。

6-1. 票選

首先，我不認識那些侯選人啊，憑什麼去圈選？

6-1-1. 選戰

我很難認清楚侯選人的主要原因是，在一場戰爭裡頭，參戰各方都必須應戰，乃至於陰謀突擊；所以在戰爭的時候，完全不必，也根本不能，真正誠實。

6-1-2. 廉能

由於選戰是一個實際的廣告戰，所以我很難了解侯選人的真正能力和貪婪程度。

6-1-3. 難投

既然在廣告戰裡頭我無法分別廉能程度；我這一票實在很難投得正確。

6-2. 政黨

政黨是為了執政而產生的團體。個人入黨的第一目標大多是讓自己或親朋執政。

6-2-1. 中國

在中國，政黨一向在幕後活動，至今仍然如此。

6-2-2. 兩黨

在政黨公開活動的國家，一般而言，正常發展的結果兩個大黨是一個財黨，以保護財產為個人第二目標；以及一個能黨，以增加財產為個人第二目標。

6-2-3. 法律

於是法律就在兩黨輪政時被改來改去；以配合護財或增財的手段。兩黨都在爭財。

6-2-4. 財富

然而財富並不是人類本性的最愛。對一般人而言，至少維護情義和欣賞藝術都比爭奪財富更值得努力去做。只是不幸，財富恰好是我們共同的第二最愛。因何不幸？就說為了財富吧；打一場選戰又浩時又費財，幾個月下來卻只收獲一些受傷的情義，你說這不是非常明顯的賠本生意？如果我們的第二最愛是財富，賠本就是最不幸的結果，對不對？

6-3. 共識

雖然政黨政治又不合人性又賠本，它卻是當今政治學者共認的最佳政治制度。可我相信，為了《第二最愛》而犧牲《第一最愛》當然是不合邏輯的共識，必須打破。

6-4. 新制

所以我相信，順應邏輯，《人類遲早可以找到注重情義和藝術的政治制度。》

7. 語言

為了便利未來《溝通》，人們需要一個世界語。

7-1. 傳情

眼神，動作，接觸，乃至於第六感，都是超越語言的傳情手段。

7-2. 達義

但是要明白傳達公義或道義的意思，最好依靠語言或影像。

7-3. 明理

至於要說明一個科學道理，那麼，影像往往不夠明確；語言於是成為必要的工具。

7-4. 合一

最理想的語言當然有一些基本條件。顯然理想語言的第一條件是《說寫合一》。

7-5. 簡單

理想語言的第二個條件應該是《文法簡單》。

7-6. 例子

以下我用漢語為基礎，介紹一種可以橫寫也可以直書的《世界文字》。

7-6-1. 聲調 – 寫在外框與內框之間

一般常見的聲調有七種。只有漢語系的語言，用聲調去分別字義。漢語有五個聲調，比臺語和客家語少了第六聲和第七聲。

聲調順序	1	2	3	4	5	6	7
注音符號		/	v	\	˙	v-	+
拼音	-	/	v	\			
音樂音階	So	MiSo	Do	SoDo	Re	DoRe	Mi
改良拼音	^	/	v	\	<	v-	>
世界文字							

7-6-2.聲母 – 寫在外框上面

注音符號	ㄅ	ㄆ	ㄇ	ㄈ		ㄉ	ㄊ	ㄋ	ㄌ		ㄍ	ㄎ	ㄏ	
拼音	b	p	m	f		d	t	n	l		g	k	h	
改良拼音	b	p	m	f		d	t	n	l		g	k	h	
世界文字														
注音符號	ㄐ	ㄑ	ㄒ		ㄓ	ㄔ	ㄕ	ㄖ		ㄗ	ㄘ	ㄙ	ㄣ	ㄥ
拼音	j	q	x		zh	ch	sh	r		z	c	s	n	ng
改良拼音	dsi	tsi	si		dr”	tr”	sr”	r”		ds	ts	s	n	ng
世界文字														
臺客語	z	ㄅ”	ㄍ”		六個尾聲母			ㄣ”	ㄇ”	ㄆ”	ㄊ”	ㄎ”	ㄏ”	
改良拼音	z	b”	g”					n”	m”	p”	t”	k”	h”	
世界文字														
英語	dʒ	tʃ	ʃ	ʒ		r	v	θ	ð	z				
文字	j	ch	sh	s		r	v	th	th	z				
改良拼音	dz”	tz”	sz”	z”		r	v	t*	d*	z				
世界文字														
日語	f(u)	r(a)		西語	r	b	g		d	t	ñ	l	r	
改良拼音	f”	l”			l”	b”	g”		dd	tt	nn	ll	rr	
世界文字														

7-6-3. 韻母 – 寫在內框裡面

注音符號	ㄚ	ㄛ	ㄜ	ㄝ		ㄞ	ㄟ	ㄠ	ㄡ					
拼音	a	o	e	e		ai	ei	ao	ou					
改良拼音	a	o	e”	e		ai	ei	au	ou					
世界文字														
注音符號	ㄢ	ㄤ	ㄦ		一	一	ㄨ	ㄨ	ㄩ					
拼音	an	ang	er		i	y	u	w	ü					
改良拼音	an	ang	e”r”		i	y	u	w	u”					
世界文字														
英語	ʌ	ɪ	ʊ	æ		客語		eu						
文字	u	i	u	a				eu						
改良拼音	a*	i*	u*	a”				eu						
世界文字														

十六

7-6-4. 例句

非　漢 語 系　語 言　的　聲 調

fei^　han\ u”v si\　u”v yen/　de”<　sr”ng^dyau\

只　表 達　感 情，　不 改 變　字 義。

dr”v　biauv da/　ganv tsing/，　bu\ gaiv bien\　ds\ i\。

8. 嗜好

人們所關心的已知事實，或者說是歷史，大約有三種。那就是，與個人嗜好，團體目的，和全球共存多少相關的歷史。我們大略說說；先談歷史中常見的個人嗜好：

8-1. 伸張正義

個人伸張正義，自然包含只為親朋的道義和個人的私義，所以難免和公義衝突。

8-2. 發展科學

個人發展科學，自然受到資訊，工具和智力的限制。團體發展科學難免集體偏見。

8-3. 扶植園藝

扶植園藝的人，愛好大自然。

8-4. 創造藝術

創造藝術的人，善用天生才華；雖忌諱《走火入魔》，卻無妨《曲高和寡》。

8-5. 獻身宗教

獻身宗教的人，相信法力無邊的《神》，追求極端的《善》，《義》或《愛》。中國的儒家，禪宗，和道家並不相信《神》，所以不是宗教，他們是哲學家。但是，如果相信儒釋道的任何一個先賢，是具有某些特定《法力》的小神，那麼，那種小神當然也是宗教的神明。其實各國每一種《民間信仰》都是一種民俗的宗教文化。

8-6. 追求名聲

追求名聲的人，追求表面的《善》，《義》或《愛》。

8-7. 物質享受

喜愛物質享受的人，好過追求名聲的人。

8-8. 爭奪權力

喜愛爭奪權力的人，和追求名聲的人相比，必定多出一個特性，那就是《殘酷》。

8-9. 沉迷性交

沉迷性交的人，必定拖累親朋好友。

8-10. 參與戰爭

喜愛參戰的人，適合居住在目前的世界。因為目前只有四個國家沒有軍隊，分別自1949年，1968年，1978年，和1994年開始取消軍隊。

8-11. 欣賞古董

欣賞古董的人，自有超越時空的本能。

8-12. 做白日夢

做白日夢的人啊…….。

9. 希望

每一種身分，每一個團體，都有各自多少不同的目的和希望。我在這裡只提人數比較多或身分比較重要的人群。生意人為了賺錢，希望好運，我就不必提了。

9-1. 母親
母親為了保子，養子，希望小環境《和平》。
9-2. 父親
父親為了保家，養家，希望自己身心《健康》。
9-3. 戰士
戰士為了保國，奪利，希望戰爭《勝利》。
9-4. 公務員
公務員為了公務，社福，希望《無天災》。
9-5. 職員
一般職員為了糊口，希望公司《成長》。
9-6. 公益員
公益員為了正義，公安，系望《無人禍》。
9-7. 義工
義工為了救災，救急，希望《無災禍》。
9-8. 宗教人
宗教人為了擴大，獨尊，希望《一統天下》。
9-9. 動藝人
動藝人為了群動美，獨動美，希望《社會繁榮》。
9-10. 靜藝人
靜藝人為了群靜美，獨靜美，希望《社會有閑》。

10. 知識的成分

知識是人們所知道的歷史事件和質能事實。知識成分裡頭最主要的是科學知識，其中最重要的是的哲學，最不可缺少的是基本語言。決勝負，最關鍵的知識是當地法律；而最謎人的知識是藝術。那麼最麻煩的知識呢？我想因人而異吧。

10-1. 科學知識
知識在上個世紀大爆炸以後，再也沒有人能夠了解所有的科學知識。於是，博士頭銜其實是《尖士》，碩士頭銜其實是《突士》；因為和學士相比，他們所精通的範圍一個比一個小，既不碩狀也不博大。他們的成就是突破和拔尖，我想把他們叫做《尖士》和《突士》比較名符其實。
10-2. 未知
所謂科學就是所有和《人造工具》有關的質能事實。科學是人類通往《未知世界》的門戶，想像力則是守門員。透過想像，人們預測《未知》的一切歷史事件，質能事實，以及，尤其是，未來的事件和結局。在所有的預測裡頭，最受全人類矚目的就是《科學假說》。在所有的假說裡頭，最成功的是《演化論》。它的物競天擇理論雖然尚未證實，卻合乎邏輯。最麻煩的假說，我認為是《狹相》。